ÉDOUARD NAVILLE

PROFESSEUR HONORAIRE DE L'UNIVERSITÉ DE GENÈVE,
ASSOCIÉ ÉTRANGER DE L'INSTITUT DE FRANCE

L'ÉVOLUTION

DE LA

LANGUE ÉGYPTIENNE

ET LES

LANGUES SÉMITIQUES

L'ÉCRITURE — LA GRAMMAIRE
LE DÉMOTIQUE ET L'ARAMÉEN
LE COPTE — L'HÉBREU

PARIS 1920

LIBRAIRIE PAUL GEUTHNER

13 RUE JACOB

L'ÉVOLUTION

DE LA

LANGUE ÉGYPTIENNE

VIENNE. — TYP. ADOLPHE HOLZHAUSEN.
IMPRIMEUR DE L'UNIVERSITÉ.

ÉDOUARD NAVILLE

PROFESSEUR HONORAIRE DE L'UNIVERSITÉ DE GENÈVE,
ASSOCIÉ ÉTRANGER DE L'INSTITUT DE FRANCE

L'ÉVOLUTION
DE LA
LANGUE ÉGYPTIENNE
ET LES
LANGUES SÉMITIQUES

L'ÉCRITURE — LA GRAMMAIRE
LE DÉMOTIQUE ET L'ARAMÉEN
LE COPTE — L'HÉBREU

PARIS 1920

LIBRAIRIE PAUL GEUTHNER

13 RUE JACOB

PRÉFACE.

La direction qu'ont prise depuis quelques années les études égyptologiques est-elle la bonne? est-elle conforme à la vérité? et n'avons-nous pas dévié vers des théories soutenues avec beaucoup de science, et souvent fort ingénieuses, mais qui sont en désaccord avec ce qu'on peut attendre du peuple égyptien, avec son niveau intellectuel, et avec son histoire?

De même que les documents historiques, j'estime qu'il faut replacer la langue égyptienne, telle que nous la connaissons par l'écriture, dans les circonstances où elle est née, étudier sous quelle forme elle est arrivée à l'existence, et elle se montre pour la première fois. C'est cette enfance, et le degré de développement qu'elle a pu atteindre, que je me suis efforcé de retrouver et de décrire dans les pages qui vont suivre, lesquelles, je ne le cache pas, vont à l'encontre de beaucoup d'idées reçues et considérées comme indiscutables.

On ne peut nier que l'écriture figurative a été le premier moyen dont les hommes se sont servis pour reproduire la parole, pour rendre ce qui est dit, ce qu'on entend. Auparavant c'était le dessin seul, grossier ou artistique, mais destiné avant tout à être compris. Le premier pas vers l'écriture proprement dite a été le rébus, c'est à dire le nom de l'objet employé uniquement pour rendre un son, le son complet, consonne et voyelle qui ne vont pas l'une sans l'autre. Le progrès encore plus marqué a été l'acrophonie, l'emploi de la première syllabe seule du nom pour reproduire un son; puis là où la syllabe se composait d'une consonne et d'une voyelle, la voyelle étant tombée dans la prononciation, ou s'étant amuie, on en est venu à la consonne simple. C'est là le point extrême auquel sont arrivés les Egyptiens. Sans doute ils sont parvenus à l'écriture alphabétique, mais non pas d'une manière complète et systématique. La consonne peut à l'occasion être encore une syllabe ouverte ou fermée. Et, surtout, les Egyptiens n'ont jamais abandonné le caractère figuratif de l'écriture. Le mot a toujours été un dessin. Même dans le démotique où la forme des signes est tellement dénaturée qu'on ne peut pas les reconnaître, l'élément figuratif par excellence, le déterminatif, l'abrégé du dessin primitif, subsiste encore.

S'il en est ainsi, peut-on comparer l'écriture égyptienne aux alphabets que j'appellerai amorphes, c'est à dire ceux dont les caractères ne représentent rien par eux-mêmes, qui sont uniquement propres à rappeler un son, et où la figure est inconnue? Il est clair qu'un mot écrit uniquement avec ce que nous appelons des lettres, doit répondre à des exigences tout autres que celui qui est un dessin. Il n'est reconnaissable qu'autant que les lettres y sont au complet et se suivent dans un ordre fixe, tandis que le mot-figure se reconnaît aisément par celui qui connaît la langue, même quand il manque un ou deux signes ou que ceux-ci ne sont pas dans un ordre parfait.

C'est pourquoi je prétends que c'est une erreur de vouloir retrouver dans l'écriture égyptienne une écriture sémitique qui ne rendrait que le squelette des mots, les consonnes seules sans voyelles, et une langue dont le principe fondamental serait la racine trilitérale. La grammaire aussi présente beaucoup d'imperfections de l'enfance, et il est intéressant de voir comment les Egyptiens réussirent à rendre les rapports des idées et même les nuances, sans avoir des *formes et des règles arrêtées, comme celles qu'on voit déjà dans les langues sémitiques.*

Cette première enfance dont nous retrouvons les traits, desquels l'égyptien ne s'est jamais débarrassé, voilà ce dont il faut toujours tenir compte. Nous ne devons pas oublier que l'écriture figurative est le premier essai tenté par l'homme de reproduire la parole, de faire pour l'oreille ce qu'il a fait pour les yeux par le dessin. Cet essai porte même des traces d'incertitudes et de tâtonnements. Ce ne sont ni des grammairiens ni des philologues qui en ont été les auteurs, et il ne faut pas y chercher des règles fixes et un système, mais la tentative de rappeler par des signes ce que la voix avait fait entendre, les mots et les phrases.

Il en résulte qu'une grammaire égyptienne ne pourra jamais avoir qu'une forme descriptive ou analytique, et qu'elle devra se fonder sur le caractère spécial de l'écriture, très différente d'un alphabet véritable, lequel n'est pas autre chose qu'une représentation conventionnelle des sons.

Grâce à ce que l'égyptien est resté enfermé dans la vallée du Nil et n'a que peu subi l'influence de l'extérieur, nous pouvons étudier son évolution qui est tout à fait autochthone, pure de tout alliage étranger, produite par les circonstances intérieures du pays, et non par des invasions ou des conquêtes. Et ici nous pouvons reconnaître ce que j'appellerai deux soubresauts, deux changements dans la langue et dans l'écriture, qui ne se sont pas produits d'une manière graduelle, mais qui surgissent à un moment donné sans que nous puissions déterminer exactement d'où le changement est parti, et quelle a été la cause qui, presque subitement, le fait éclater et gagner tout le pays.

Voici d'abord le démotique, une écriture modifiée qui ne perd pas complètement son caractère figuratif, et une langue simplifiée, se rapprochant de la langue populaire, sans cependant en rendre la forme exacte ni la variété. Le démotique sert à des contrats et à des actes légaux, à de la littérature telle que des romans ou des chroniques. On peut dire qu'il supplante l'ancienne langue hiéroglyphique pour ce qui n'est pas texte religieux et officiel.

Puis tout d'un coup, à l'époque de l'ère chrétienne, paraît la langue populaire véritable, celle que parlent les habitants de Thèbes ou de Memphis, c'est à dire les dialectes qui probablement remontaient à une haute antiquité, comme ceux que nous trouvons de notre temps, et qui jusqu'alors n'étaient pas écrits. Il faut pour ces dialectes une nouvelle écriture, complètement différente de l'ancienne : l'alphabet copte, c'est à dire l'alphabet grec augmenté de six caractères. C'est là la dernière phase de l'évolution, le copte, qui a produit toute une littérature, et qui n'est pas une langue unique; ce sont les dialectes populaires transcrits en une écriture nouvelle, et devenant langue religieuse et littéraire.

Ainsi l'égyptien nous présente deux phases bien marquées, deux grands changements dans l'écriture et dans la langue, lesquels ne dépendent nullement des lois de la philologie, mais qui sont dus à des influences tout autres. Comme ils se produisent en Egypte dans un domaine circonscrit, nous pouvons en reconnaître le caractère tout à fait autochthone.

Ici, le spectacle de ce qui s'est produit en Egypte nous a conduit à nous demander si des phénomènes analogues s'étaient peut-être produits dans des nations voisines d'Egypte. Nous avons passé dans l'Asie occidentale où nous voyons la langue accadienne, le babylonien cunéiforme, régnant depuis Suse jusqu'à la côte de la Mer Noire, puis supplantée dans ces mêmes pays par l'araméen. Ne faut-il pas voir dans cette dernière langue, non pas la propriété d'un peuple, mais une phase d'évolution tout analogue au démotique, avec cette différence que le changement dans l'écriture a été plus profond? Comme pour le démotique, ce changement se produit presque subitement;

nous en voyons le but, mais nous en ignorons le point de départ.

C'est là une question sur laquelle je demande le jugement des maîtres en langues sémitiques, et en araméen en particulier. N'y a-t-il pas là une analogie frappante avec l'égyptien? J'en trouve une autre dans l'origine de l'hébreu. A l'époque de l'ère chrétienne surgit tout d'un coup une écriture nouvelle, l'hébreu carré, qui sert d'abord à transcrire les Saintes Ecritures, et à partir de laquelle se développe une littérature considérable. L'hébreu carré n'est-il pas pour la Palestine ce que le copte est pour l'Egypte, et la langue qu'il sert à écrire n'est-elle pas aussi la langue populaire, le dialecte de Jérusalem? Il y aurait eu donc, dans des langues sémitiques, ces deux grands changements indépendants des lois de la philologie.

Ces idées, j'en suis certain, surprendront les spécialistes. Ils en savent l'origine. Elles viennent d'Egypte et touchent à un domaine qui n'est pas le mien. Loin de moi la prétention de les présenter comme démontrées; car ce sont, je le répète, des questions que je pose, sur lesquelles je consulte les experts, et que je soumets à leur appréciation.

EDOUARD NAVILLE.

TABLE ANALYTIQUE DES MATIÈRES.

CHAPITRE I.

L'ÉCRITURE ÉGYPTIENNE.

Caractère de la langue égyptienne, développement imparfait de l'écriture, 1. Décomposition de la langue primitive, d'après l'école allemande, 2. Origine des Egyptiens, 3. Dessin des primitifs, son but, magie imitative, 5. Le phono-gramme ou rébus, 7. Trois genres d'articulations. Voyelles. 8. L'écriture, dessin adapté à l'oreille, mnémonique de l'oreille, 10. Écriture d'abord figurative, née dans la vallée du Nil, 12. Dialectes différant par la prononciation des si-gnes vocaliques, 13. Modifications des voyelles, diphthongues, 14. Sonnantes, 16. Passage à l'écriture alphabétique. Phonogrammes, acrophonie, 17. Ce qu'on nomme compléments phonétiques, 19. Signes syllabiques, fausse interprétation de signes considérés comme n'étant que deux consonnes, 20. Syllabes ouvertes, la voyelle s'est amuie et est tombée dans la prononciation, 22. L'écriture n'est qu'un dessin, le premier essai de rappeler les sons, 23. Il n'y a pas propre-ment d'orthographe, 24.

Les langues sémitiques ont passé par une phase analogue à l'égyptien, opinion de M. GOLÉNISCHEFF, 25. Les semi-voyelles ont d'abord été des voyelles propres à prononciation variable. 26. D'après PRAETORIUS, les con-sonnes sont des syllabes ouvertes, 29. MAX MÜLLER, admet une écriture sylla-bique, 30 note.

Le déterminatif, 32. Explications de GARDINER et d'ERMAN, 33. L'écriture donne le nom de la figure, 34. Le déterminatif est l'abrégé de la scène des-sinée, 35. Indicateur phonétique, 35. marque la fin du mot, 36. L'ordre des signes n'est pas toujours respecté, 38. Le mot est un dessin, 41. L'imperfection du mot écrit est la même que celle du dessin, 42. Vocalisation, 44.

CHAPITRE II.

CHAMPOLLION, 46. BUNSEN et BIRCH, 49. E. DE ROUGÉ, 50. BRUGSCH, 51. Le PAGE RENOUF, 54. Son opposition au système allemand, 57. M. LORET, 58.

CHAPITRE V.

L'HÉBREU 152

CHAPITRE I.

L'ECRITURE.

I.

Origine figurative de l'écriture égyptienne.

La langue égyptienne a pour nous un intérêt tout particulier. Elle représente une phase d'un développement linguistique encore imparfait, ou du moins elle a conservé certains caractères tout à fait primitifs. S'agit-il de la grammaire, la différence entre les diverses catégories de mots est encore très vaguement tracée; par exemple, il n'y a aucune forme spéciale qui distingue un verbe d'un nom. Les conjonctions, à l'aide desquelles nous exprimons les rapports entre les phrases n'existent qu'en fort petit nombre. Ces rapports ressortent des idées, et non de la forme des phrases qui sont arrangées dans un ordre tout à fait paratactique. De même, les modes des verbes qui aussi servent à exprimer les rapports de temps, de cause, et autres, n'ont aucune forme propre. Ils sont souvent remplacés par des auxiliaires ou par des périphrases.

Mais ce que la langue égyptienne a de plus caractéristique, c'est l'écriture. Nous y reconnaissons deux phases très importantes, le passage du dessin à l'écriture figurative, puis celui de l'écriture figurative à l'écriture alphabétique. Dans le bassin de la Méditerranée, où s'est développée la civilisation sous laquelle nous vivons, nous ne connaissons que la langue crétoise qui soit dans ce cas, ayant à la fois une écriture cursive et des hiéroglyphes.

Et même on peut se dire que le développement de l'écriture égyptienne n'a pas été complet. Pour arriver à la lettre pure,

c'est à dire au signe conventionnel n'ayant d'autre but que d'ex‑
primer un son, il a fallu que l'égyptien renonçât à son écriture
et s'en créât une nouvelle, qui est l'alphabet grec augmenté de
six signes. On peut donc dire que pour l'écriture comme pour
l'art, l'Egyptien est arrivé à un certain point qu'il n'a pu dé‑
passer. Il s'est arrêté à un mélange bizarre de la lettre et de la
figure, et, chose curieuse, la simplification dans l'écriture a porté
uniquement sur le dessin des signes, et n'a pas conduit à l'a‑
bandon des restes de la figure tels que les déterminatifs, quoi‑
qu'il ne soit plus possible de se rendre compte de ce qu'ils
représentent.

L'écriture, aussi bien que la langue elle‑même, trahissent un
développement encore imparfait, et ici nous nous trouvons d'em‑
blée en opposition avec un principe fondamental de l'école alle‑
mande. D'après les grammairiens tels que MM. ERMAN ou SETHE.
la langue égyptienne, à l'époque la plus ancienne où nous la
connaissons, est déjà dans un état avancé de décomposition (Zer‑
setzung) et nous sommes très loin de la connaître telle qu'elle
était à l'origine, ou plutôt telle qu'elle devait être pour satisfaire
aux exigences de l'école philologique allemande. Voici comment
s'exprime SETHE, l'un des défenseurs les plus convaincus de ce
point de vue étrange : (1) «La langue égyptienne, quand nous
apprenons à la connaître, se trouve déjà dans un état de décom‑
position très avancé qui se montre aussi bien dans la syntaxe
que dans la phonétique et dans les formes verbales.» Nombre
de mots étaient déjà fortement réduits dans leurs consonnes. Ils
ne sont plus que les débris (Trümmer) de formes beaucoup plus
complètes. C'est la décomposition qui a fait de mots à trois
consonnes des syllabes à deux, puis des mots à une seule con‑
sonne qui sont devenus l'alphabet. (2) Sans la chute successive de
deux des trois consonnes qui composaient un mot, l'alphabet ne

(1) SETHE, Der Ursprung des Alphabets, p. 116. 123.

(2) «Nicht auf einmal, sondern nach und nach im Laufe der Zeit mit fort‑
schreitender Zersetzung der Sprache hat sich das ägyptische Alphabet gebildet.»
p. 124.

serait pas né. La langue originelle n'en avait point et ne pou‑
vait pas en avoir. Il fallait, pour que l'alphabet apparût, une
dégénérescence continue.

Je me suis déjà élevé à maintes reprises contre cette concep‑
tion de la langue qu'ont abandonnée les philologues modernes.
Comme le dit Saussure : (1) «La langue n'est pas une entité, et
n'existe que dans les sujets parlants». «Pour les premiers linguis‑
tes» (je cite toujours le même auteur) «l'état original de la lan‑
gue était quelque chose de supérieur et de parfait», sans qu'on
se demandât si cet état n'avait pas été précédé d'un autre; pour
eux, «tout ce qui s'écarte de l'ordre donné est une irrégularité,
une infraction à une forme idéale». C'est cette conception, ré‑
prouvée par la plupart des philologues modernes, qui domine
encore dans la reconstruction de la langue égyptienne telle que
la conçoit l'école allemande. Il y a eu un égyptien type, un
égyptien idéal se présentant sous une forme sémitique parfaite,
et dont nous n'avons plus que les restes. La langue égyptienne
aurait donc eu nécessairement une existence à deux périodes
bien marquées. Par la voie normale du développement, dont
nous ignorons absolument la durée, elle est arrivée à sa forme
accomplie, puis elle redescend la pente qu'elle avait gravie pen‑
dant un laps de temps que nous ne pouvons estimer, et nous
ne la connaissons qu'à son déclin déjà avancé.

Cet égyptien idéal, où a‑t‑il été parlé, et à quelle époque de
la civilisation égyptienne ? Pour Erman la question est résolue
par le fait que l'égyptien primitif étant une langue sémitique, a
dû naître dans la péninsule arabique à partir de laquelle «les
Sémites ont essaimé comme des abeilles en Mésopotamie, et dans
divers pays qui bordent la Méditerranée». (2) Mais comme,
ainsi que nous le montrerons plus bas, il n'est nullement prouvé
que l'égyptien soit une langue sémitique, bien au contraire, nous
ne saurions admettre cette origine et ce domicile primitif de l'é‑

(1) F. de Saussure, Cours de linguistique générale, p. 19. 229.
(2) Erman (Die Flexion des ägyptischen Verbums, p. 37) qui cite von
Luschan.

gyptien idéal que nous ne connaissons que sous une forme dégé=
nérée. C'est l'Afrique qui est la patrie des Egyptiens, de leur
civilisation et de leur langue.

Si nous nous reportons à ce que nous connaissons des premiers
temps de l'histoire de l'Egypte, et des débuts de sa civilisation,
nous nous trouvons d'abord en face d'une population de l'âge
néolithique, ne connaissant pas l'usage des métaux, se servant
d'instruments de pierre, dont il est certain qu'elle a quelquefois
poussé la fabrication à un degré élevé de perfection, et n'ayant
pas d'animaux domestiques. A une époque dont nous ne pouvons
fixer la date, mais qu'il faut placer au plus tard au quatrième
millénaire avant notre ère, cette population a été conquise et
subjuguée par une peuplade à laquelle les traditions et l'ethnologie
nous enseignent qu'il faut attribuer une origine africaine. C'est le
mélange de vainqueurs et vaincus qui a produit la population
égyptienne proprement dite, ce que nous appellerons les égyptiens
pharaoniques, chez lesquels, dès le début, nous trouvons l'écri=
ture, qui n'est plus simplement figurative, qui est un mélange
dans lequel, à côté de signes véritablement idéographiques, nous
trouvons aussi des caractères alphabétiques. Cette union de deux
populations a produit la civilisation égyptienne telle qu'elle se
montre à nous dès le début, fort semblable à ce qu'elle sera
.plus tard. (1)

Dans cette histoire de la population de l'Egypte telle qu'elle
se déroule, en deux phases bien marquées, d'abord la période
des primitifs néolithiques, dont nous ne savons pas la durée, puis
le développement succédant à une conquête par des Africains,
où placerions=nous cette langue égyptienne idéale que nous ne
connaissons que par sa décadence ? Pouvons nous même en sup=
poser l'existence ? Etait=ce la langue dés néolithiques ? Combien
de temps avait=elle mis pour parvenir à cet état ? Comment se
figure=t=on la période de naissance, quel genre de formes avait=
elle produit ? Elles devaient être différentes de celles qui nous

(1) NAVILLE, L'origine africaine de la civilisation égyptienne. Rev. arch.
1913. II. p. 47.

ont été conservées, puisque celles=ci sont une décomposition ; ou bien la langue idéale était=elle celle des conquérants africains, et la décadence proviendrait=elle du mélange avec les vaincus, comme on nous dira que ce fut le cas lors de l'invasion sémitique ?

On voit à quelles difficultés inextricables nous conduit la théo=rie allemande, cette évolution régressive, cette évolution à contre=sens de la langue égyptienne.

Il nous semble, au contraire, qu'il faut voir dans l'égyptien le résultat d'un développement graduel, lequel, comme cela est arrivé dans l'art, s'est arrêté à un certain point et n'a pas pu franchir le fossé qui sépare le parler primitif d'avec les langues sémitiques ou aryennes, dont l'écriture ou l'appareil grammatical sont plus parfaits.

Presque tous les peuples primitifs sont parvenus au dessin, à la représentation plus ou moins gauche de ce qu'ils avaient sous les yeux, ou de ce qui avait une place dans leur vie. Les chasseurs, par exemple, ont reproduit sur les parois de leurs cavernes les animaux sauvages qu'ils poursuivaient et dont ils faisaient leur nourriture. Ils ont même été plus loin : ils rappelaient de cette manière un trait de mœurs ou un épisode de leur vie, comme une guerre. (1)

Ce dessin a d'abord été la gravure, à laquelle plus tard on a ajouté de la couleur, mais c'étaient des figures, des images de quelque chose de réel. Il n'y avait là rien de conventionnel, rien qui n'eût un sens par lui=même, c'était la langue des yeux dont on n'a pas suffisamment reconnu le vrai but. (2)

Il faut se rappeler que dans l'antiquité, surtout en Orient, la masse du peuple se composait d'illettrés. Un roi voulait=il en=seigner à ses sujets ou à la postérité les hauts faits de son règne, c'est sans doute dans une inscription historique qu'il pouvait le

(1) Jedenfalls übt man die Kunst, ein Rind, einen Menschen, einen Löwen darzustellen, und konnte die Geschichte eines feindlichen Überfalls oder eine Jagd auf diese Weise für sich und andere aufzeichnen. (C. Meinhof : Zur Entstehung der Schrift, Zeitschrift für ägyptische Sprache und Altertumskunde) vol. 49 page 2.

(2) Aufzeichnung von Dingen, die man nicht vergessen will. (l. l. p. 2).

mieux le faire, mais celle-ci n'aurait profité qu'à un petit nombre, la foule aurait passé à côté sans se douter de son contenu. Tandis que lorsque la reine Hatshepsou faisait graver sur les murs de son temple les divers épisodes de l'expédition de ses vaisseaux au pays de Pount, quand Ramsés II couvrait les murs de son temple de sa guerre contre Kadesch, étalant dans ses bas-reliefs les divers moments de cette campagne, montrant les ennemis qu'il avait eus à combattre, leurs types ethniques, les armes qui leur servaient au combat, la déroute de leurs chars de guerre, la mort de leurs chefs noyés dans la rivière, tout cela n'avait pas uniquement un but décoratif, c'était un enseignement, c'étaient des annales en peinture, c'était pour les spectateurs illettrés quelque chose d'analogue à ce qu'est pour les enfants de notre temps l'histoire de France ou d'Angleterre en gravures.

A cet égard, il est intéressant de rapprocher les dessins qu'on trouve dans les cavernes néolithiques, des représentations qui ornent les tombes de l'Ancien Empire. Des deux parts, l'idée mère est le même, il n'y a entre les deux phases qu'une différence de développement. Et ici nous avons la bonne fortune d'avoir une transition, la tombe néolithique découverte par M. QUIBELL à El Kab. Dans tous ces cas, le but est le même, non pas dé-crire par la parole, mais montrer aux yeux ce qu'est l'existence d'un être humain ou ce qu'elle sera dans l'autre monde.

A cette idée s'en ajoute une autre, ce qu'on a appelé la magie imitative, c'est à dire l'idée qu'il suffit de représenter quelque-chose pour le faire naître; ce qui est d'une grande importance lorsqu'il s'agit de la peinture de la vie future du défunt, auquel de cette manière il est possible de procurer une existence tout à fait enviable. Nous disions que des dessins des primitifs aux tombes de Ghizeh ou de Sakkarah il n'y avait qu'une différence de degré pour ce qui est des représentations. Mais il en est une autre d'une grande portée. Dans les tombes de l'Ancien Empire, nous avons le dessin, souvent très détaillé et poussé à un haut degré de perfection, c'est là le langage des yeux, mais nous avons aussi l'écriture, le langage de l'oreille, qui saura répéter ce que nous montre le dessin, mais qui souvent aussi le complète, et supplée à ce qui échappe nécessairement à l'œil, comme les conversations des personnages. Il y a eu donc, des primitifs aux sculpteurs et aux peintres des tombes de Sakkarah un progrès capital, l'invention de l'écriture, du langage de l'oreille, la figuration, non de ce qu'on voit, mais de ce qu'on entend.

Comment l'ancien Egyptien a-t-il passé de la figure à la lettre alphabétique, c'est là une question délicate, et au sujet de laquelle les opinions sont très divergentes. Qu'on ait commencé par l'écriture figurative, cela ne fait pas doute. A l'aide de ce procédé, les primitifs pouvaient représenter, non seulement un être isolé tel qu'un animal, mais aussi une chasse ou même une série de scènes successives qui constituaient une sorte de récit. Un premier progrès consiste à arriver au phonogramme ou rébus, c'est à dire à séparer dans un signe le sens figuratif, du son qu'il a lorsqu'on le prononce, et à ne plus employer ce signe que pour sa valeur phonétique. Cela crée d'emblée un nombre plus ou moins considérable de signes qui sont des signes syllabiques, et il y en aura d'autant plus qu'il y a dans la langue plus de mots formés d'une seule syllabe. (1)

Les recherches de Westermann paraissent avoir établi que les populations nègres d'Afrique ont parlé d'abord des langues à mots d'une syllabe, et comme les Egyptiens sont des Africains, il serait naturel qu'à l'origine la langue égyptienne ait eu un début semblable. Ce qui le ferait croire, c'est le grand nombre de signes égyptiens qui représentent une syllabe ouverte ou fermée. Nous aurons à revenir plus bas sur cette assertion, qui est en contradiction formelle avec la théorie sémitique de l'école allemande.

De cette manière, le développement de la langue, son évolution, serait plus normale. Des mots d'une syllabe, elle aurait passé aux mots à deux syllabes ou aux racines trilitérales. Du simple, elle aurait été au composé, ce qui paraît bien plus natu-

(1) Meinhof l. l. p. 12. D'après M. Barton, il en serait de même pour le cunéiforme. J. Asiatique 1918 p. 534.

rel que de supposer que l'égyptien primitif, à une époque qu'on ne sait où placer, se composait de racines trilitérales formées de trois consonnes et que les racines bilitérales, avec lesquelles se présente l'égyptien, sont le résultat de cette décomposition qui est à la base du système.

Avant d'essayer de retracer l'origine des caractères phonétiques, il est nécessaire d'examiner en premier lieu de quoi ils se com‑posent. Ici je n'hésite pas à affirmer avec MASPERO et avec tous les égyptologues qui ont précédé l'école allemande, que le sys‑tème graphique de l'égyptien exprime trois sortes d'articulations différentes : 1⁰ des consonnes proprement dites, supposant l'exis‑tence de phonèmes occlusifs et sifflants, 2⁰ des voyelles, 3⁰ des sonnantes.

Il est inutile de revenir ici sur les consonnes, sur la valeur desquelles les égyptologues sont d'accord. Mais si l'on consi‑dère les voyelles, il importe de partir de ce principe que je crois avoir été le premier à formuler pour l'égyptien, et que MASPERO a pris pour base de son exposition : il faut séparer nettement le signe, d'avec sa prononciation qui peut être différente suivant les cas. En sorte que j'appellerais volontiers les consonnes des lettres à prononciation fixe, et les voyelles des lettres à prononciation variable. Quant aux sonnantes, elles appartiéndraient tantôt à l'une, tantôt à l'autre de ces catégories.

Qu'il y ait des voyelles dans l'écriture égyptienne, c'est ce qui ressort avec évidence du copte. Lorsqu'on mentionne le copte, il ne faut pas songer à une langue littéraire unique, c'est la lan‑gue parlée dans les diverses parties de l'Egypte, transcrite par un alphabet spécial composé de l'alphabet grec auquel on a ajouté six signes spéciaux, dont l'un, le ϧ est exclusive‑ment employé dans le dialecte qu'on nomme maintenant bohei‑rique. Or, si l'on recherche dans le copte les lettres correspon‑dant à 𓇋 , 𓄿 , 𓂝 , 𓏲 , 𓏭 , on ne trouve jamais que des voyelles simples ou des diphthongues, c'est à dire des phonèmes vocaliques qui peuvent être fort différents pour le même signe, et ces pho‑

nèmes, quoiqu'ils correspondent au même signe hiéroglyphique, peuvent varier suivant le dialecte.

A cet égard, il faut étudier l'égyptien sans parti pris. Il ne faut pas vouloir à toute force faire rentrer l'égyptien dans une des catégories de langues qu'ont établies les philologues. Je ne saurais trop m'élever contre des assertions telles que celle-ci, qui est à la base du système grammatical tel que nous le présente SETHE : «L'égyptien est une langue sémitique, par conséquent, de même que dans les langues sémitiques, en égyptien chaque syllabe *doit* (muß) commencer par une consonne. Il n'y a pas de syllabe commençant par une voyelle ; lorsqu'en copte une syllabe commence par une voyelle, c'est qu'elle a toujours perdu la consonne qui précédait». (1) Il en résulte que tous les mots coptes commençant par ⲁ, ⲉ, ⲟ, ⲱ, dont il y a un très grand nombre, ont tous perdu la consonne initiale. Les Coptes ne se sont pas donné la peine d'ajouter à leur alphabet les consonnes 𓏏, 𓅃, 𓂝, 𓃀, 𓏏𓏏, quoique pour d'autres consonnes qui n'existaient pas dans l'alphabet grec ils n'aient pas hésité à inventer des signes nouveaux, lors même qu'une consonne comme la ϭ n'appartenait qu'à un seul dialecte. Les consonnes oubliées sont toutes celles qui devaient avoir une valeur vocalique, tandis que chacune des consonnes proprement dites a son signe équivalent. On conviendra que c'est pousser un peu loin l'inconséquence.

Ainsi que le disait MASPERO dans le travail dont il n'a pu écrire que les premières pages : «ne vaut-il pas mieux profiter de la liberté absolue avec laquelle nous pouvons aborder le développement de l'égyptien, sans encombrement de théories préconçues ou de paradigmes préétablis, pour créer à l'égyptien une grammaire qui ne soit inspirée exclusivement ni des modèles purement classiques, ni des modèles indo-européens, ni des modèles sémitiques, mais qui ressorte entièrement d'une analyse des textes entreprise avec l'aide de tous les moyens que la philo-

---

(1) Das ägyptische Verbum I § 8. GARDINER, Egyptian hieroglyphic writing. Journal of Egyptian archaeology. II. p. 66.

logie peut nous prêter, à quelque ordre de langue qu'elle s'ap=
plique».

Nous n'avons aucune idée de la langue que parlaient les Egyp=
tiens primitifs, ceux que nous désignons du nom de pré=pharao=
niques, mais il paraît bien probable que cette langue, tant
qu'elle n'était qu'une langue parlée, se composait d'un grand
nombre de dialectes, comme c'est le cas pour les populations
africaines, et que ces dialectes différaient surtout par les voyelles.
A un moment dont on ignore la date, on a passé à l'écriture.
Il s'agissait de faire pour l'oreille ce qu'on faisait dès longtemps
pour l'œil, fixer ce qu'on disait ou ce qu'on entendait, afin que
cela ne fût pas emporté par le vent, et qu'il en restât une trace.

L'écriture a d'abord été le dessin, ou si l'on veut, la mnémo=
nique de l'œil adaptée à l'oreille. L'écriture purement figurative
n'est qu'un dessin ; elle est à l'usage de l'oreille aussi bien que
de l'œil. Il n'en est plus de même lorsque le signe idéogra=
phique est remplacé par une lettre, un caractère ayant une va=
leur conventionnelle et ne rappelant aucune figure. C'est alors
véritablement la mnémonique de l'oreille, le signe qui doit rap=
peler un son, non par sa nature ou son apparence, mais par une
convention.

On a écrit pour fixer ce que l'on entendait et pour en produire
la répétition, la reproduction exacte, par la lecture. C'est là à
mon sens une vérité qu'on ne saurait contester, et qui me semble
entraîner une conséquence inévitable quant à la nature de ces
signes. Il s'agit de reproduire ce qu'on entend, c'est à dire un
son ; or le son est produit par les voyelles qui sont l'auxiliaire
indispensable des consonnes, pour que celles=ci puissent être
entendues. Une voyelle peut être prononcée toute seule, ce qui
n'est nullement le cas pour la consonne, laquelle, sans la voyelle,
ne peut être entendue. Il est donc évident que lorsqu'on a voulu
fixer par l'écriture ce qu'on entendait, on n'a pas laissé de côté
les voyelles qui étaient indépendantes ou associées aux consonnes,
si bien que la consonne originelle a toujours été une syllabe
composée d'une consonne et d'une voyelle, celle=ci étant dans

initiale ou finale, comme je soutiens qu'on la retrouve encore dans l'alphabet égyptien.

C'est du reste la conséquence forcée de ce que l'écriture est figurative, fondée sur le rébus. Quand je dessine un objet quel‑conque parce que le nom de cet objet a un certain son, qui me servira à former d'autres mots sonnant de même, je dessine un groupe phonétique qui ne peut être composé que d'une ou plu‑sieures voyelles, ou d'un mélange de consonnes et de voyelles. Cette figure comprend nécessairement des voyelles, sans lesquelles elle n'aurait aucun son, et ne serait d'aucune utilité comme élé‑ment phonétique. Il est donc évident que toute écriture figurative doit avoir des voyelles qui sont indispensables. Sans voyelles, elle n'aurait ni utilité ni raison d'être. En cela consiste la diffé‑rence essentielle entre une écriture figurative, et une écriture vrai‑ment alphabétique, qui ne peut être que conventionnelle, et à laquelle on assimile à tort l'écriture égyptienne.

La voyelle est ce qui sonne, ce qui constitue le son, c'est donc le principal élément à reproduire, de la parole, et non la consonne qu'on n'entend pas. Aussi m'est‑il impossible de me ranger à cette thèse qui est courante, c'est que l'égyptien, comme toutes les langues sémitiques n'écrit que les consonnes qu'on appelle le squelette des mots, tandis que les voyelles ne sont que l'accessoire dont on ne se préoccupe pas dans l'écriture. Ainsi le procédé mnémonique par lequel on doit rappeler un son, ne rappellerait que l'élément du mot qui n'a pas de son par lui‑même, c'est à dire ce qu'on n'entend pas.

Si nous voulions appliquer cette définition de la mnémonique de l'oreille au dessin, à la mnémonique de l'œil, on arriverait à cette conclusion étrange : les primitifs, reproduisant l'image de quelque‑chose qu'ils avaient sous les yeux, n'auraient dû représenter que ce qu'ils ne voyaient pas. Voulant nous montrer un homme ou un animal, ils n'auraient dû dessiner que son squelette, ou pour une mai‑son la charpente. Ce n'est certes pas ce que nous voyons dans les dessins des nations qui ont encore conservé le caractère primitif, ni surtout dans les essais rudimentaires et maladroits des enfants.

On ne conçoit pas pourquoi l'œil et l'oreille suivraient une voie aussi différente, quoique ayant un point de départ commun, l'écriture figurative. N'est-il pas plus naturel de supposer que leur marche est absolument parallèle ? Chacun de ces organes est affecté d'une manière qui lui est propre, et chacun a trouvé un moyen de reproduire ce qui le frappe. Ce moyen était au début le même pour tous deux, puis ils ont divergé, tout en tendant tous deux au même but : fixer ce qui le frappe et sur quoi porte son activité. En un mot, l'écriture doit être la photographie de ce qu'on entend, les mots sont pour elles les personnes dont elle doit montrer l'apparence extérieure, et non pas seulement les ossements.

Comment l'écriture égyptienne est-elle née, et où est-elle apparue en premier lieu ? Il paraît difficile d'assigner à cette invention une autre patrie que la vallée du Nil, en raison de son caractère originel. C'est d'abord une écriture figurative. Or nous voyons que les écritures idéographiques, les hiéroglyphes, ne se transportent pas, n'émigrent pas d'un pays à un autre. Et cela est naturel, les noms des objets représentés différant selon les pays. La figure d'un dieu égyptien n'est pas nécessairement celle d'une divinité dans un pays voisin, ou, si même là c'est un dieu, le mot que représente la figure n'est pas identique. C'est pourquoi, ainsi que les hiéroglyphes sont restés en Egypte, les hiéroglyphes Hittites ne se sont pas transportés au delà du royaume des Héthéens, ni ceux de Crète en dehors de l'île, ce qui n'est pas le cas pour l'écriture cursive qui ne représente qu'un son.

Je ne reviens pas ici sur l'idée que j'ai développée ailleurs, l'origine africaine de la civilisation égyptienne, la population de l'Egypte se composant de deux parties : les primitifs néolithiques autochthones, qui furent conquis par une race également africaine, laquelle, à en croire les légendes, devait venir d'une région supérieure de la vallée du Nil ; le mélange des deux races produisit ceux que nous appelons les Egyptiens pharaoniques, avec l'apparition desquels coïncide celle du métal et celle de l'écriture.

Mais il semble clair que l'invention de l'écriture doit remon‑
ter à une tribu et peut‑être à un petit groupe d'hommes, et que
de là elle s'est répandue sur les tribus voisines de proche en
proche, parmi ceux qui parlaient des dialectes appartenant au
même groupe linguistique. Car, comme nous le disions plus
haut, jugeant d'après ce que l'anthropologie nous enseigne sur
les primitifs de notre temps, il est vraisemblable que dans une
étendue aussi vaste que la vallée du Nil, les habitants parlaient
des dialectes différents.

L'existence de ces dialectes est peut‑être une des raisons pour
lesquelles un signe vocalique peut avoir des prononciations diffé‑
rentes, et ne correspond pas à un son unique. Maspero, dans
son travail inachevé sur la phonétique égyptienne, (1) étudiant cha‑
cune des voyelles ⟨hiéroglyphes⟩, après avoir constaté pour chacune les
valeurs vocaliques diverses Ⲁ, Ⲉ, Ⲏ, Ⲓ, Ⲟ, Ⲱ, ⲞⲨ, croit pourtant
pouvoir remonter par déduction jusqu'au point où chacune d'elles
n'exprimait qu'un phonème unique. Loin de moi la pensée de
m'attaquer à cette idée qui est développée avec une grande ri‑
chesse d'exemples. Mais il me semble que cette détermination
ne doit s'appliquer qu'à un seul dialecte, celui que parlaient les
inventeurs de l'écriture. Déjà à peu de distance, le mot sonnant
un peu différemment, la valeur attribuée à la voyelle ne devait
plus être la même, et du fait que la forme écrite était immuable,
les signes représentant les voyelles prenaient une valeur différente.

On s'en aperçoit lorsqu'on met par écrit une langue parlée
et, pour ne pas sortir de l'antiquité, prenons le copte. Lorsqu'on
voulut traduire en égyptien le texte des Saintes Écritures, on
ne choisit pas la langue égyptienne écrite, pas même le démo‑
tique qui en était la forme populaire. On prit les dialectes que
parlaient les habitants de la vallée du Nil. C'est pourquoi il
n'y a pas de langue copte unique, il y a quatre dialectes et les
Livres Saints ont été traduits dans chacun de ces quatre dia‑
lectes. La comparaison de ces quatre textes montre, non seule‑

(1) p. 101.

ment combien le système vocalique diffère de l'un à l'autre, mais surtout avec quelle variété de sons on a reproduit l'ancienne lettre hiéroglyphique. La même lettre ⲓ qui dans le mot *père* ⲓ devient ⲈⲒⲰⲦ ou ⲒⲰⲦ, dans le mot *avoir soif*, peut devenir suivant le dialecte ⲀⲂⲈ, ⲈⲒⲂⲈ, ou ⲞⲂⲈ; qu'on ajoute à cela les modifications qui, avec le temps, se produisent toujours dans la prononciation, et l'on comprendra qu'un signe qui reste immuable puisse passer par presque toute la gamme vocalique.

Il y a des voyelles dans l'alphabet égyptien. C'est là un fait qu'il me paraît impossible de nier, à moins qu'on ne parte de l'idée préconçue que l'égyptien est une langue sémitique, idée que ne s'impose nullement et qu'on ne peut formuler qu'à l'aide de manipulations philologiques qui produisent, non pas ce qui est, mais ce qui devrait être.

Le fait de n'avoir pas voulu admettre la présence des voyelles a empêché de reconnaître que ces signes étaient sujets à des modifications, ou pouvaient entrer dans des combinaisons semblables à ce qu'on voit dans des langues du groupe indo-européen, et en particulier dans des langues modernes telles que le français. Il est certain que les modifications que nous indiquons par des accents ne pouvaient pas être marquées dans une écriture idéographique. Vous pouvez bien mettre un circonflexe sur un *a* pour indiquer que la voyelle doit être longue comme dans les mots *pâtre*, *marâtre*, *râpe*, et non bref comme dans *quatre* ou *attrape*. Mais si cet *a* est représenté par un oiseau, vous ne pouvez pas changer l'apparence de l'animal, lui ajouter un bec ou une patte, ou lui ôter une aile. Les nuances dans la prononciation ne pouvaient pas paraître en égyptien. (1)

(1) Puisque les signes voyelles ont une prononciation très variée, il est clair qu'on ne peut en faire qu'une transcription tout à fait conventionnelle, et qui n'est souvent pas du tout le phonème que le signe doit rendre. Si, par exemple, on transcrit ⲙ par *a* comme l'ont fait LEPSIUS, BRUGSCH dans son Dictionnaire, et tous ceux qui ne suivent pas la nouvelle école de Berlin, on donne au signe une valeur qui est exacte dans un très grand

En revanche, il est d'autres modifications qui sont claire=
ment marquées, et qu'il est impossible de ne pas constater,
quoique les grammairiens ne les aient guère reconnues, j'en=
tends celles qui proviennent de l'association de deux ou trois
voyelles produisant une diphthongue, un son pour lequel
il n'y a pas de signe spécial. J'en citerai un seul exemple. La
réunion des deux voyelles ⸗ produit le son *η ai* dans *mai*
(pron. *mè* LITTRÉ). Nous en avons la preuve par les transcrip=
tions. ROUGÉ avait déjà reconnu que ⸗ est la transcription
de l'hébreu אל ce qui a été confirmé par la stèle découverte par
M. PETRIE où est le nom d'Israël. Or, nous savons que le champ
où arrivent les défunts s'appelle le champ ⸗ qui doit
se lire *ηλυ Èlu* (1) et non *Ialu* comme le transcrit MASPERO qui
n'a pas reconnu la diphthongue, et encore moins *i̭rw* comme
lisent les Allemands, et qu'on ne peut pas prononcer. Il paraît
évident que le mot *Hλυ* auquel les Grecs ont ajouté la termi=
naison *σιος* (2) est l'étymologie d'*Hλυσιος*.

L'inversion des deux voyelles produisait un son différent,
comme dans le mot ⸗ *seigneur,* en copte ⲬⲞⲈⲒⲤ ou

---

nombre de cas, mais qui est loin d'être fixe. Qu'on prenne par exemple la
transcription des noms grecs dans l'inscription de Canope, qui est de l'époque
ptolémaïque, et l'on verra que dans le même nom l'⸗ peut avoir des
valeurs différentes, par exemple dans le nom d'*Απολλωνίδης,* ⸗ représente
l'*α* du début et l'*ω* du milieu, dans celui de *Μενεκρατεία, ε, α,* et la diphthongue
εια. Mais ce n'est pas seulement à l'époque ptolémaïque que cela se présente.
MASPERO fournit de nombreux exemples de prononciation diverses de cette
lettre à des époques beaucoup plus anciennes. On ne pourrait arriver à une
transcription exacte que si l'on connaissait la vocalisation, et pour l'égyptien,
comme du reste pour bien d'autres langues, il faut se contenter d'une con=
vention.

Nous en avons une qui s'en rapproche, dans le nom que nous donnons
aux lettres en français. Quand j'étais enfant et que j'apprenais à lire, on m'en=
seignait que l'alphabet commençait par cinq lettres dont la cinquième était *é.*
Depuis quelques années, on fait dire aux enfants qu'après le *d* vient l'*ə* (*e* muet
comme dans *le*). C'est faire de l'*e* une sorte de consonne sémitique qui peut
répondre à des sons très divers, et dont le nom est absolument conventionnel.

(1) Dans les transcriptions la voyelle *u* représente la son *ou.*

(2) CURTIUS, Griechische Etymologie p. 616.

ⲬⲀⲈⲒⲤ, ϬⲞⲒⲤ suivant les dialectes. Transcrits d'après la méthode allemande, ces mots, sans compter qu'ils ne sont pas lisibles, arrivent aux formes les plus étranges, et, si l'on veut les prononcer, obligent à l'introduction de voyelles dont le choix est assez arbitraire. Puis, si l'on voit partout des consonnes, les diphthongues comme celles que nous venons de signaler n'ont pas existé en égyptien, quoiqu'elles se retrouvent en copte, où il serait difficile de les expliquer.

Je suppose, par exemple, qu'on voulût remonter du mot copte au mot hiéroglyphique, à quoi correspondrait le mot ⲬⲞⲈⲒⲤ? Les voyelles ⲞⲈⲒ doivent être des consonnes dans l'ancien mot. Admettant que, suivant ma transcription, ce soient 𓄿 et 𓏭. En quoi ces deux signes se révèlent-ils comme étant des consonnes, quelle est leur valeur de consonnes, et en quoi diffèrent-ils de simples voyelles ?

N'ayant pas à faire ici un exposé complet du système phonologique de l'ancien égyptien, et ne voulant qu'en tracer les grandes lignes, je ne m'étendrai pas davantage sur les diverses combinaisons qui peuvent être faites entre les voyelles. Je me bornerai à affirmer à nouveau qu'il y a des voyelles dans l'écriture égyptienne, et que considérer les signes alphabétiques comme étant tous des consonnes, c'est une erreur qui a conduit à d'autres, dans la reconstruction de la grammaire.

La troisième sorte d'articulations qu'on trouve en égyptien, ce sont les sonnantes, (1) sur lesquelles je serai très bref. Qu'il me suffise de dire que quelquefois elles servent à modifier la prononciation des voyelles, presque toujours elles jouent un rôle alternatif, tantôt elles peuvent être de simples voyelles, surtout dans les finales et devant les consonnes ; tantôt elles ont une valeur consonantique, surtout devant les voyelles. Elles servent quelquefois à éviter un hiatus, comme par exemple *t* en français dans *va-t-il*.

(1) L'égyptologue suédois PIEHL. a été le premier à définir la nature de ces lettres qu'il nomme «nasalis sonans» (Actes du Congrès de Stockholm Sect. III, p. 32).

L'égyptien, nous l'avons vu, avait trois sortes d'articulations différentes. Il s'agit maintenant de chercher comment, de l'écriture figurative, idéographique, on est arrivé aux écritures phonétiques.

Presque tous les auteurs sont d'accord sur le point de départ; le premier progrès, le premier pas vers l'écriture a été le rébus. Le signe n'est employé que pour sa valeur phonétique, sans qu'on tienne compte de ce qu'il représente. Le signe, d'idéogramme qu'il était, est devenu un phonogramme. Il est à peine nécessaire de citer des exemples. Un oiseau avec une houppe s'appelle *ba* et peut être employé dans quantité de mots pour marquer la syllabe *ba* sans qu'il soit le moins du monde question d'un oiseau, comme par exemple au commencement du nom de la déesse *Bastit*. Cela nous conduit déjà à plusieurs signes de l'alphabet phonétique, à des consonnes qui sont à l'origine toujours accompagnées d'une voyelle finale, et même à .de simples voyelles. Sᴇᴛʜᴇ (1) a dressé un tableau où il indique quelques-uns des mots qui sont devenus les caractères phonétiques.

Ainsi ⬯ veut dire la bouche. Il n'y a aucun doute que la bouche est devenue le signe par lequel on indique la syllabe *ro* ou *ru*, les voyelles étant de son variable. De la même manière, 𓇼, le lac, est devenu le caractère syllabique *še*, 𓂝 *a*, le bras, est devenu cette voyelle longue transcrite de diverses manières, et que l'on considère souvent à tort comme étant un *y*.

Les identifications de Sᴇᴛʜᴇ ne sont pas toutes d'une certitude égale à celles-ci, et nous ne sommes pas encore arrivés à retrouver le mot qui a produit un grand nombre des articulations. Par exemple, le signe 𓅭 représente la petite perdrix; nous ne connaissons pas son nom, ce pouvait être une simple voyelle, on a pris cet oiseau pour signe de la voyelle *u* que formait son nom. Il n'est pas impossible que ce soit une onomatopée imitant le cri de l'oiseau. Ou bien ce nom se composait de plusieurs lettres, il était, à l'entendre prononcer, bilitéral ou trilitéral, et alors le principe adopté a été celui de l'acrophonie,

(1) Zeitschrift, vol. 45, p. 37.

l'oiseau a représenté le premier phonème de son nom que nous ne connaissons pas. Il est probable, par exemple, que c'est ainsi* que la chouette ⟨ est devenu le son *m*. Elle s'appelle en copte, ⲘⲞⲨⲖⲀⳈ. A ma connaissance, ce mot n'a pas encore été re‑ trouvé dans les textes égyptiens, mais puisqu'il existe en copte, il doit bien être d'ancienne date. Suivant le même principe, la chouette serait devenue la première lettre de son nom.

Pour les caractères qu'on nomme en général alphabétiques, sur le nombre desquels les égyptologues diffèrent suivant qu'ils con‑ sidèrent une consonne suivie d'une voyelle comme étant une syllabe ou une lettre simple, le principe de l'acrophonie a été poussé jusqu'au bout, et l'on peut dire qu'ainsi ces caractères sont devenus véritablement phonétiques et non plus idéogra‑ phiques. Le sens qu'on pouvait leur attribuer en considérant la figure qu'ils représentent disparaît complètement, ce ne sont plus que des lettres, comme les signes conventionnels qui constituent nos alphabets. (1)

Mais il n'en est pas de même pour un grand nombre de signes idéographiques qui peuvent, suivant les cas, ou rester tels ou devenir aussi des signes phonétiques, et cela quand ils sont au commencement des mots. Dans ces cas, il y a passage de l'idéogramme au caractère phonétique, et le signe peut être aussi bien l'un que l'autre, suivant la manière dont le mot est com‑ posé.

Voici par exemple le mot ⎰ *nuter* qui veut dire un dieu, et qui renferme deux consonnes et une sonnante finale laquelle à l'occasion peut être une voyelle et tomber dans la prononciation. Ce signe isolé se lira *nuter*. Dans ce cas, c'est un signe idéogra‑ phique pur. Mais souvent nous trouvons le mot écrit ⎰⎯. On a ajouté au signe idéographique le *t* ⌂ et l'*r* ⎯. Les gram‑ mairiens appellent ces signes compléments phonétiques. Erman

---

(1) Sethe l. l. p. 121 soutient que l'acrophonie ne joue aucun rôle dans la formation des lettres égyptiennes : et il en donne cette preuve singulière «l'acrophonie impliquerait *qu'on a tenu compte des voyelles*, ce qui nous l'avons vu n'est nullement le cas».

nous dit (1) «que la plupart des mots sont écrits par un signe représentant un mot (Wortzeichen) auquel on a ajouté l'indica‑ tion de sa prononciation par des signes alphabétiques». Mais cette indication phonétique n'est pas complète, elle ne porte pas sur le signe initial. Il en résulte que le signe initial ⌐ n'est plus qu'un signe alphabétique, la consonne *n* avec la voyelle *u*.

Le signe initial peut être une voyelle ; comme dans le mot ⚬ où le signe ⚭ n'est qu'un ⚬. Nous sommes donc en droit d'affirmer que lorsqu'un signe idéographique initial est suivi de ce qu'on nomme ses compléments phonétiques, ce signe n'a plus qu'une valeur alphabétique, les compléments ne sont plus que les composantes du mot, et ne sont pas une répétition. Nous avons la preuve de cette assertion dans un texte qui mal‑ heureusement nous a été conservé en fort mauvais état, le pa‑ pyrus des signes trouvé à Tanis (2). Dans ce texte, qui nous donne l'explication et souvent la valeur phonétique des signes, nous voyons souvent que cette valeur est indiquée pour un groupe dont la première lettre et le signe même qu'on explique, ainsi le signe ⚬ gardien, doit se lire ⚬. ⚬ c'est ⚬, un hoyau (3)

Souvent aussi il n'y a comme complément phonétique que la dernière lettre, de sorte que le signe idéographique devient une syllabe, ainsi dans le mot ⚬ qui s'écrit aussi ⚬, le pre‑ mier signe est ou ⚬ ou ⚬

(1) Grammaire, 3. éd. § 60.

(2) Two hieroglyphic papyri from Tanis voyez. IV. 1. VI. 1. XVIII. 4. XX. 11. XXI. 2.

(3) Voici une question que je soumets aux spécialistes en langues sémi‑ tiques. Le principe de l'acrophonie ne pourrait‑il pas expliquer les noms des lettres dans l'alphabet sémitique? ⊐ serait la première lettre du mot maison *beth*, ⅃ la première lettre du mot chameau *gimel* sans que la forme du signe ait aucun rapport avec la chose ou l'animal dont la lettre porte le nom. Il me semble qu'il existe un exemple de cette acrophonie en français. Si nous voulons écrire le nom de la lettre *h* nous l'écrirons *hache*. Et l'on ne dira pas que l'*h* ait aucun rapport de forme ou d'origine avec l'instrument dont le nom commence par cette lettre.

2*

Le mot ⸢ peut être écrit ⸢◁▷. Ici ⸢ est la syllabe *nut*. Quel‑
quefois aussi on le trouve sous cette forme ⸢◦. Dans ce cas la
sonnante ◁▷ qui n'était que simple voyelle, est tombée, et le mot
doit se lire *nute* ou *nuti* ce qui est la forme qu'il revêt en copte.

Dans l'écriture ptolémaïque, plusieurs de ces signes, qui n'é‑
taient alphabétiques que dans certains mots, et lorsqu'ils étaient
accompagnés de leurs compléments, sont devenus de simples
signes alphabétiques.

Il y a des signes syllabiques en grand nombre, soit que la
valeur syllabique soit simplement occasionnelle, comme nous
l'avons vu pour ⸢◁▷, soit parce qu'un grand nombre de mots
égyptiens sont monosyllabiques, la syllabe étant ouverte ou
fermée. Dernièrement MM. SETHE et GARDINER (1) ont soutenu
que tous les grammairiens faisaient erreur en affirmant l'existence
de signes syllabiques composés de deux consonnes entre les‑
quelles est une voyelle, comme par exemple le signe ▭ *men*,
car si ce signe était syllabique, on devrait le trouver employé avec
une seule voyelle, tandis qu'il entre dans un grand nombre de
mots où la voyelle entre l'*m* et l'*n* est différente. SETHE con‑
sidère comme l'une des meilleures preuves de la non‑existence
des voyelles le fait que deux consonnes peuvent se trouver dans
différents systèmes de vocalisation. C'est le signe ▭ qui pour
lui comme pour GARDINER, est un des exemples les plus pro‑
bants. Or, sur les 19 mots qu'il cite et dans lesquels figure le
signe ▭, pas une seule fois il n'est employé sans son com‑
plément phonétique 〜〜. Il est donc dans ces 19 mots un simple
m qui peut avoir une voyelle finale différente. Dans les cinquante
pages des deux parties du dictionnaire de BRUGSCH, où il traite des
mots formés avec ▭, pas une fois on ne trouve le signe seul,
il est toujours accompagné de son complément 〜〜, de sorte
qu'il serait plus vrai de considérer ▭ comme étant une forme

---

(1) SETHE, Zur Reform der ägyptischen Schriftlehre, Zeitschr. 1908 p. 37.
GARDINER, Egyptian hieroglyphic writing, Journal of Egyptian Archaeology
II. p. 67.

de la consonne *m* qui peut s'échanger avec le ⌡ *b*. Il est rare de trouver ⌷ sans complément. Ce n'est guère que dans certains cartouches, encore pas toujours. Dans un cartouche comme ⊙⌷🪲 transcrit par les Grecs Μίσαφρις et par Pline *Mesphres*, on peut supposer de deux choses l'une : ou que ⌷ était un simple *m* suivi d'une voyelle qui variait de son comme toutes les voyelles, ou que dans les cas très rares où l'on a écrit ⊙⌷🪲 la sonnante ∿ n'était ici qu'une voyelle qui est tombée dans la prononciation. Le signe ⌷ ne peut donc absolument pas être invoqué comme preuve qu'il n'y avait pas de signes syllabiques.

Il en est de même du signe ⌓ qui est presque toujours accompagné de son complément ⌒ ou même de ⌒. On peut faire à propos de ce signe exactement les mêmes raisonnements qu'à propos de ⌷ avec cette différence qu'ici nous avons des variantes remplaçant le ⌓ par un *m*. (1) De même dans le mot 𓄟 dont la variante est 𓄟, le signe 𓏠 *mes* ou *mos* n'est qu'un *m*.

Pour un grand nombre d'autres tels que ⊕ *nif*, ⌇ *kem*, ⌇ *sen* etc., la qualité de signes syllabiques est indéniable, et ils se rencontrent fréquemment sans leurs compléments. Ce sont bien des mots monosyllabiques, mais qui sont devenus de véritables phonogrammes employés dans d'autres mots avec leur valeur syllabique.

Ainsi de la figure, du signe idéographique, nous sommes arrivés au signe alphabétique pur lorsqu'il s'agit des voyelles, et lorsqu'il s'agit des consonnes, au signe qui répond exactement à son nom de consonne, la lettre qui ne s'entend qu'avec l'aide de la voyelle. C'est dire qu'à l'origine toute consonne est accompagnée d'une voyelle initiale ou finale, c'est un caractère syllabique, une syllabe ouverte. (2) Il ne pourrait pas en être au-

(1) The Tomb of Senebtisi p. 105.

(2) L. PAGE RENOUF. Life Work. II. p. 154. «The phonetic signs of the Egyptian constitute not an alphabet, but a syllabary. They represent not vowels or consonants as such, but all sounds necessary or convenient for the purposes of the writer». On voit que pour l'égyptologue anglais comme pour l'auteur de ce mémoire, le but de l'écriture, c'est la reproduction de *sons*.

trement avec une écriture figurative. Un signe comme ☯ ou ☯
n'est pas un simple caractère amorphe destiné à représenter un
son, c'est une figure dont le nom est monosyllabique, et renferme
nécessairement une voyelle.

Le progrès suivant a consisté en ce que cette voyelle s'est
amuie, ou est tombée dans la prononciation, et qu'alors le signe
qu'elle accompagnait est devenue une véritable consonne susceptible d'être employée avec une voyelle quelconque. De là vient
que souvent la voyelle disparaît dans l'écriture, parce que probablement elle avait d'abord disparu dans la prononciation. Cependant le signe reste immuable, il ne subit aucun changement. Rien
n'indique que ce soit une syllabe ou une consonne simple. Ici
comme dans mainte chose égyptienne, il faut se garder de faire
une règle fixe, il y a beaucoup de vague, d'incertain. Souvent
la consonne a gardé sa valeur traditionnelle, quoique l'écriture
ne l'indique pas à l'ordinaire, et nous sommes tout surpris de
temps en temps de trouver une voyelle indiquée qui nous apprend
ce qu'était la vocalisation d'un mot ou d'une syllabe. Voici par
exemple le signe ☐ qui représente une tente. Il est presque
toujours écrit ☐ avec deux consonnes ou ☐; on le
lisait *heb, hebi*. Une fois ou deux les textes des Pyramides et
d'autres encore l'écrivent ☐ et nous apprennent qu'il
doit se lire *habi*, et cependant la voyelle ☐ est presque toujours omise. De même les cellules que doivent atteindre les défunts s'écrivent toujours ☐ *sebkhet*, un texte de la XXI.
dynastie l'écrit ☐ *sabkhet*. Le mot œuf, écrit d'ordinaire
suhet, doit d'après un papyrus de la même époque, être vocalisé
☐ *suhut*.

Il faut se rappeler que l'écriture égyptienne, encore plus que
toute autre écriture, n'est qu'une approximation; c'est avant tout
un dessin qui doit se lire d'une certaine manière, c'est pour l'œil
la reproduction de ce qu'on entend. L'essentiel est donc, pour
l'Egyptien qui écrit, d'être compris. Il n'a pas besoin pour cela

d'être absolument complet. Le dessin d'une main peut être suffi=
samment poussé, pour qu'on la reconnaisse sans que les cinq doigts
aient été détachés. Il en est de même du mot égyptien. Il est
tracé avec les détails nécessaires pour qu'on n'ait pas d'hésitation
sur la forme qu'il doit avoir. Souvent la voyelle est omise,
elle n'est pas séparée de la consonne dont elle fait partie, mais
là où elle est isolée, et où elle contribue à donner au mot sa phy=
sionomie, elle est marquée, en particulier au commencement des
mots.

En égyptien, il n'y a pas encore distinction absolue entre le dessin
et l'écriture, il y a encore mélange entre les deux éléments, qui
souvent se confondent. Les hiéroglyphes sont le premier essai
de rappeler ce qu'on parle, les sons du langage. Pour y parvenir
on a d'abord eu recours à la figure, au dessin. Ce premier essai
pourrait donc s'appeler l'adaptation de la figure, à la reproduction
du son. Une pareille adaptation ne pouvait être qu'imparfaite,
car la figure est la représentation d'un être qui existe par lui=même,
indépendamment du nom qu'il porte. Ne prendre dans la figure
que son nom, pour en faire un signe phonétique, c'est détourner
ce nom de son caractère primitif, c'est l'employer à rendre un
son, ce qui n'était nullement sa destination première. Aussi une
écriture qui n'est qu'un assemblage de figures ne peut point avoir
la précision et la fixité qu'a un alphabet proprement dit, où les
signes ne sont pas autre chose que l'indication d'un son.

On ne saurait trop insister sur la différence qu'il y a entre une
écriture figurative et un alphabet conventionnel, où le signe n'a
pas d'autre raison d'être que d'exprimer un son. Il est donc faux
de vouloir assujettir l'écriture égyptienne aux règles strictes aux=
quelles les alphabets sémitiques sont soumis. C'est obliger l'enfant
à se plier à ce qu'on demande à l'homme fait. On oublie que
l'égyptien à été le premier pas vers l'écriture, lequel n'a pas été
plus loin que le dessin. Le grand progrès qui n'a pas été réalisé
par les Egyptiens a consisté à renoncer entièrement à la figure,
pour la remplacer par le signe qu'on peut appeler amorphe, car
il ne représente rien.

Ne comparons donc pas l'écriture égyptienne aux alphabets sémitiques, ou à l'alphabet grec, où le dessin a complètement disparu. L'égyptien est resté bien en arrière; il a su créer des signes alphabétiques, des voyelles dont le son est variable, et des consonnes dont le son est fixe, et qui se sont souvent débarrassées de la voyelle qui leur était attachée avant ou après. Néanmoins l'égyptien a conservé tout un appareil figuratif dont il ne s'est jamais entièrement défait. Ce caractère figuratif se retrouve non seulement dans la forme des lettres, mais dans un élément qui est entièrement inconnu à l'alphabet grec, le déterminatif.

On comprend donc que dans cette transition du figuratif à l'alphabétique, de la syllabe ou caractère simple, transition qui ne s'est jamais achevée, qui n'a jamais atteint le but entrevu, il y ait du flottement, de l'incertitude, et qu'il n'y ait pas en égyptien, à proprement parler, d'orthographe, c'est à dire, pour employer la définition de Littré «l'art et la manière d'écrire correctement les mots d'une langue». Un mot peut être écrit de diverses manières dont aucune ne pourrait être considérée comme fautive. Comme le dit très justement Erman (1) «l'écriture hiéroglyphique n'était pas destinée à des lecteurs comme nous, qui ne connaissaient pas la langue.» Elle devait rappeler la prononciation des mots par un dessin; ce dessin était plus ou moins complet; on pouvait omettre certains traits secondaires s'il y en avait assez d'autres qui les rappelaient; par exemple, on laissait souvent de côté la voyelle quand la consonne à laquelle elle était attachée de manière à former avec elle une syllabe ouverte, avait été notée. Mais si la voyelle était un élément caractéristique du mot et qui contribuait à donner au mot sa physionomie, elle n'était pas omise.

En revanche, à mesure que les consonnes deviennent de plus en plus alphabétiques, on éprouve le besoin dans l'écriture d'insérer la voyelle, mais non pas toujours. On peut écrire 𓂝𓅱 et 𓂝𓀀𓅱, 𓂝𓏏 et 𓂝𓇋𓇋𓏏, 𓇾𓈇𓅱, et 𓇾𓈇𓅱𓅱,

(1) Grammatik, 3. éd. § 21.

⸻ et ⸻. On pourrait multiplier les exemples. L'omission fréquente des voyelles c'est là un des traits caractéristiques de l'écriture, qui est dû à ce que celle‑ci est encore dans la période de transition, dans le passage de la syllabe à la lettre simple. L'élaboration de l'alphabet n'est pas encore achevé en ce qui concerne les consonnes; quant aux voyelles ou plutôt aux signes vocaliques, ils n'ont pas une prononciation unique, et représentent des phonèmes différents.

Le système graphique égyptien est donc une plante que nous saisissons en plein développement et qui, je parle de l'écriture hiéroglyphique, s'est arrêtée dans son évolution. La plante en est restée au milieu de sa croissance.

II.

Origine de l'écriture cananéenne.

Ici, comme dans d'autres cas, l'égyptien nous conduit à regarder aux langues sémitiques et à voir si l'écriture de ces langues n'a pas passé par une phase analogue. Il me semble que sur ce point M. Golenischeff a été l'un des premiers à soulever cette grave question, et à signaler le rapport qu'on peut retrouver entre les deux systèmes. Après avoir combattu le principe que l'école de Berlin met à la base de sa grammaire, lorsqu'elle affirme que le verbe égyptien, comme le verbe sémite, est trilitère, et avoir montré que ce qui est censé la *tertia infirma* n'est nullement un radical, mais une voyelle ou une consonne redoublée qui marque une nuance dans le sens, et dont l'emploi n'est par conséquent qu'occasionnel, le savant égyptologue russe ajoute (1) : «Ce serait aux sémitisants à examiner si les semi‑voyelles dans les langues sémitiques n'avaient pas une valeur plus individuelle, plus tranchée que celle qu'elles ont prise plus tard, je veux dire si ces semi‑voyelles n'ont pas pu avoir été de

(1) Golenischeff, Le conte du Naufragé, p. 129.

vraies voyelles avant d'être devenues, dans la prononciation, des ombres de sons, comme par exemple l'א, ou d'avoir été des aides graphiques pour exprimer des voyelles longues dans l'écriture assez défectueuse de la plupart des peuples sémitiques».

Il nous semble qu'on peut aller plus loin et retrouver des rapports encore plus frappants entre les deux systèmes d'écriture. Il est certain qu'en hébreu par exemple, dans le mot קטל, au‹ cune voyelle ne paraît indiquée, ni dans le mot אלף, le א étant non la voyelle *a* mais une consonne à laquelle on peut adapter des points‹voyelles différents qui en indiquent le son. Il en est de même pour l'*o*, et l'*i*, dans les mots שמו et שמי. C'est là le dogme fondamental des hébraïsants. Il n'y a pas de voyelles dans l'alphabet hébreu, et cependant écoutez la prononciation de ces mots, ces signes א ו et י ne sont que des voyelles. Il y a donc contradiction absolue entre la langue parlée et l'affirmation des grammairiens.

D'ailleurs, les points‹voyelles sont une addition récente, et même très moderne, l'ancienne écriture ne la connaissait pas, et elle ne reproduisait que des consonnes ou, suivant l'expression chère aux grammairiens sémitisants, le squelette des mots. On nous dit cependant (1) que les Juifs polonais lorsqu'il s'agit de trans‹ crire un nom étranger et d'en rendre les voyelles, emploient les *consonnes* א, ו, י, ע; et plus anciennement, dans l'araméen biblique, MARTI nous enseigne qu'avant l'emploi des points voyelles, les voyelles étaient indiquées par des consonnes parmi lesquelles il cite ה. (2) Pour ce qui est du syrien, BROCKELMANN, après avoir répété l'axiome fondamental que les Syriens à l'origine, comme les Hébreux, n'écrivaient que des consonnes, affirme que celles qui correspondent à *a*, *o* et *i* ont perdu dans un grand nombre de cas leur valeur de consonnes (3) et ne sont que des voyelles.

Et ici, comme précédemment, je me permettrai de poser aux spécialistes sémitisants la question suivante : les Juifs polonais,

(1) ERMAN, Grammaire, 3. éd. p. 20.
(2) MARTI, Kurzgefaßte Grammatik der Biblisch‹Aramäischen Sprache § 4
(3) BROCKELMANN, Syrische Grammatik § 4.

les Araméens, les Syriens, bien loin d'introduire dans la langue écrite une innovation, ne rendent-ils pas à ces lettres leur valeur originelle, ne sont-ils pas restés fidèles à l'ancienne tradition? Ecoutons un instant, non pas les grammairiens, mais les gens qui parlent. Pour quiconque prononce le mot *aleph*, la première lettre est la voyelle *a* et n'est pas autre chose. Il s'agit maintenant d'écrire le mot, c'est à dire de fixer, de rappeler ce qu'on entend, et pour cela on trace une consonne, c'est à dire un signe qu'on n'entend pas, et le son *a* qui est pourtant l'élément essentiel dans cette lettre, on n'en tient pas compte; on ne le marquera pas, et ce n'est que très tard qu'on inventera un petit signe indiquant que cette consonne doit se prononcer *a*. Il en est de même du mot *elohim*, dans lequel la première et la troisième voyelle serait indiquée par deux consonnes, tandis que celle du milieu ne serait presque toujours marquée par aucun signe.

Il nous semble qu'il y a là une analogie complète avec ce qui se voit dans les mots égyptiens. א et י comme 𓏤 et 𓏭 sont des voyelles, ou plutôt des sons vocaliques qui peuvent varier suivant les cas. En hébreu comme en égyptien, il faut distinguer le signe de sa prononciation, l'א peut être un *a* dans le mot *aleph*, un *e* dans *elohim*, un *ô* dans צאן *zôn*. L'י est un *i* et un *é* dans le mot בימי *bimé*. Ces signes n'en sont pas moins des voyelles aussi bien que l'*a* anglais que les Anglais appellent *é*, et qui a les prononciations les plus variées, ou même l'*e* français.

Je ne nie pas que dans certains cas l'י et l'ו comme l'*i* et l'*u* dans les langues romanes ne puissent avoir la valeur de consonnes. En français, les anciennes écritures n'avaient qu'un signe pour *i* voyelle et *i* consonne, et ce n'est que plus tard qu'on a adopté le signe *j* que, lorsqu'on épelle, on nomme *je*. De même, le *v* s'appelait autrefois *u* consonne, et les inscriptions latines en général ne distinguent pas ces deux lettres.

Il est certain qu'en hébreu l'א n'est pas toujours écrit là où il y a une voyelle à faire entendre, de même aussi l'י et le ו; à l'habitude, il semble que la voyelle n'est pas exprimée, comme cela se voit en égyptien, et il me semble que pour l'hébreu M. PRAETORIUS en donne l'explication (1) quand, partant du cy‑priote pour passer au cananéen, il nous dit que ces voyelles ne sont écrites que quand elles sont l'*Anlaut* d'une syllabe. Pour l'égyptien il y aurait à voir si l'emploi du signe vocalique n'est pas plus général, et si l'on ne le trouve pas souvent dans l'*Aus‑laut* de la syllabe, sans parler de ce que, à mesure que la con‑sonne perdait la voyelle qui lui était inhérente, on se mit à l'ajouter à la consonne, ce que, à ma connaissance, on ne voit pas dans les langues sémitiques.

Si maintenant nous en venons aux consonnes véritables, alpha‑bétiques, il est certain que dans l'égyptien ⊿ 𝕁 𝛐 ou dans l'hé‑breu קטל, elles paraissent absolument dépourvues de tout élément vocalique, et pourtant ils existaient dans la prononciation. C'est donc une imperfection dans le système de l'écriture, dont l'in‑convénient devait se faire sentir autrefois comme c'est encore le cas maintenant. Dans l'arabe vulgaire, les points voyelles n'exis‑tent pas. Quiconque a séjourné en Egypte et a voulu se faire lire une lettre ou un document manuscrit, aura remarqué que le lecteur ne peut pas le faire d'emblée sans préparation. Il faut qu'il commence par déchiffrer son texte, par reconnaître et dis‑tinguer les mots avant de les prononcer à haute voix. Le pro‑grès de l'écriture ne s'est pas fait comme dans l'alphabet grec, on en est resté à un état inachevé, on a conservé aujourd'hui une lacune que les points‑voyelles ne comblent qu'imparfaitement, puisqu'ils ne sont pas encore d'un usage général.

Or, à la réflexion, on peut de moins en moins se repré‑senter que ce soit là l'état originel, que ce qu'on entend n'ait été reproduit que par des consonnes. Et quand on croit avoir rendu raison de ce fait qui paraît si étrange, en disant que les primitif ont exprimé par l'écriture le squelette seul des mots, cette explication, bien loin d'être satisfaisante, frise l'ab‑surdité.

(1) PRAETORIUS, Über den Ursprung des Kananäischen Alphabets, p. 8.

Dans les langues sémitiques comme dans l'égyptien, les con‑
sonnes, avant d'être des signes alphabétiques, ont commencé par
être des syllabes ouvertes, elles avaient une voyelle inhérente
finale ou même aussi initiale. Si nous regardons aux Assyriens,
nous voyons « qu'ils n'avaient pas de signes séparés pour
les consonnes, qu'ils avaient un syllabaire et non un alphabet,
à leur disposition, et que s'ils voûlaient écrire un mot phoné‑
tiquement, ils devaient l'écrire en syllabes » (1). A première vue,
il semble qu'ils n'aient pas fait le même progrès que les Egyp‑
tiens et qu'ils ne soient pas arrivés à l'alphabet. Sans doute,
mais il faut se rappeler que le signe est immuable et ne suit pas les
changements de la prononciation, et l'on peut se demander si
vraiment les Assyriens prononçaient les mots exactement comme
ils les écrivaient, et s'ils ne laissaient pas souvent tomber les
voyelles, ce qui donnait à la consonne sa valeur alphabétique.
C'est là une question que je me permets de poser aux assyrio‑
logues, et que paraissent justifier certaines transcriptions.

Il faut remarquer que chaque consonne a un signe différent
suivant la voyelle qui l'accompagne avant ou après. Il y a quatre
signes pour *na, ne, ni, nu* et *an, en, in, un.* Il en est de même
de l'écriture cypriote qui est purement syllabique, et dans laquelle
Praetorius voit, non l'origine de l'écriture cananéenne, mais
un rameau partant de la même souche née en Asie mineure.
Comparant les deux écritures, Praetorius affirme que c'est une
erreur de considérer l'écriture cananéenne comme alphabétique (2).
C'est là une écriture syllabique dans laquelle chaque con‑
sonne a une voyelle finale seulement, comme le cypriote ;
aucune des deux écritures n'a de syllabe fermée. Déjà dans
le cypriote la consonne initiale d'une syllabe ouverte peut
être employée sans sa voyelle, comme consonne pure. Des règles

____

(1) King, Assyrian language, p. 53. Voir aussi Ranke, Keilschriftliches Ma‑
terial zur ägyptischen Vocalisation, p. 63.

(2) Praetorius l. l. p. 2. Lepsius, Standard Alphabet, 2. éd. p. 175, avait déjà,
en termes moins positifs que Praetorius, émis l'idée que l'alphabet hébreu
avait d'abord été essentiellement syllabique, c'est à dire représentant par cha‑
que caractère une syllabe.

strictes indiquaient quelles syllabes avaient cet emploi, et dans quels mots. Mais ici comme pour l'égyptien et pour l'arabe vul=gaire, celui qui lisait devait savoir la langue, et non pas pro=noncer *po=to=li=ne*, mais πτολιν. Ainsi la syllabe pouvait devenir une simple lettre alphabétique, elle avait donc un double ca=ractère.

Ici se présente une différence considérable entre le cananéen et le cypriote. Celui=ci avait cinq voyelles *a, e, i, o, u*, et un signe spécial pour la même consonne suivie de chacune de ces voyelles, il y en avait cinq pour *pa, pe, pi, po, pu,* tandis que le cananéen n'en a conservé qu'un seul. PRAETORIUS en donne une explica=tion qui nous paraît quelque peu embarrassée. Les Cananéens, ayant à rendre dans une langue étrangère des phonèmes inconnus aux Cypriotes ou que ceux=ci ne distinguaient pas, auraient em=ployé pour chaque cas le même caractère syllabique, qui aurait acquis par ses nombreux emplois une importance si grande qu'il prit la valeur d'une consonne alphabétique. «De cette manière, quand même il semble que les Cananéens aient créé une écriture alpha=bétique, au fond l'ancienne écriture syllabique se voyait encore assez obscurcie dans son apparence, mais très simplifiée à son avantage.» Ainsi pour PRAETORIUS, l'écriture cananéenne, comme l'égyptien, se compose à l'origine de voyelles et de syllabes ouvertes. (1)

(1) W. MAX MÜLLER, dans son volume «Asien und Europa in den ägyp=tischen Denkmälern», dont nous nous plaisons à reconnaître la riche documen=tation, soutient que pour la transcription des noms étrangers, surtout des noms sémitiques, les Egyptiens ont employé un système qu'il désigne du nom d'é=criture syllabique. Ce système est décrit ainsi, p. 59 :

«Le principe caractéristique et le plus saillant dans l'orthographe des mots étrangers est celui=ci : En opposition à sa propre écriture, l'Egyptien veut rendre toutes les voyelles de ces noms, non seulement les longues, mais aussi les muettes et il s'efforce quand cela est possible de représenter une voyelle. Le principe fondamental de toute l'écriture est donc l'imitation d'une écriture syllabique dans laquelle on employait des signes syllabiques à une consonne, et de préférence celles qui commencent par une consonne..... L'origine en est très obscure, et nous ne pouvons en parler que dans un langage à demi hypothétique. Le but immédiat de ce système graphique est évident. Dans des mots de formation étrangère on veut atteindre une clarté phonétique qui

Les Cananéens ont été plus loin que les Egyptiens, leur développement est plus avancé, l'élément figuratif n'existe plus, et

dans les mots égyptiens n'est pas nécessaire aux gens du pays. Mais si nous
examinons la tendance spéciale et le développement de l'écriture égyptienne
dans l'Ancien Empire, nous devons reconnaître que cela n'aurait jamais pu
conduire à une écriture syllabique».

Et MAX MÜLLER développe l'idée que cette écriture syllabique est à
l'usage des noms étrangers, et est une importation de l'extérieur, dûe à une
influence sémitique, une imitation du babylonien cunéiforme.

Il y a dans cette théorie de MAX MÜLLER une idée qui nous paraît
absolument juste. Il fallait pour la transcription des noms étrangers une clarté
qui n'était pas nécessaire pour l'égyptien. Nous avons insisté plus haut sur
ce que l'écriture égyptienne était imparfaite, n'était qu'une approximation, laquelle n'avait pas un très grand inconvénient parce que le caractère figuratif,
le dessin, avait persisté dans l'écriture, et qu'un Egyptien pouvait facilement
retrouver un mot de sa langue, quand même il était écrit d'une manière imcomplète. Il est clair qu'il n'en était plus ainsi pour les mots ou les noms
étrangers ; sur ce point nous sommes tout à fait d'accord avec MAX MÜLLER.

Là où nous différons absolument, c'est sur la question de l'origine du système
syllabique. Ici MAX MÜLLER est dominé par le dogme fondamental de
l'égyptologie allemande, dogme qu'il n'est pas permis de mettre en discussion
il n'y a que des consonnes dans l'écriture égyptienne. Il est inutile de revenir
sur les arguments qui vont à l'encontre de cette affirmation qui nous
paraît inadmissible. C'est sur deux autres points que nous devons nous séparer
du savant égyptologue allemand.

MAX MÜLLER ne tient pas compte du fait que nous avons reconnu comme
fondamental : que le signe de la voyelle doit être distingué de sa prononciation.
Le signe reste immuable, tandis que la prononciation peut être très variable.
Et c'est là ce qui conduit. M. MÜLLER à voir des consonnes, sur les changements desquelles il s'étend, tandis qu'il ne s'agit que de variations du
phonème dépendant de la même lettre.

A notre sens, M. MÜLLER donne une trop grande valeur aux transcriptions,
surtout à celles des noms propres. La philologie a trop souvent voulu considérer ces transcriptions comme opérées par des scribes entendus dans les
règles linguistiques et ayant sous les yeux des textes écrits. Or, ce n'est le cas
que pour un nombre infiniment faible. La grande majorité des transcriptions
a lieu par l'oreille. On écrit ce que l'on entend, et l'on emploie pour cela les
signes qui paraissent rendre le mieux le son qui arrive à l'oreille. Il en est
encore ainsi de nous jours, même dans les administrations, où l'on pourrait
supposer qu'il y a des règles fixes. Quiconque aura voyagé en Egypte aura
remarqué que les transcriptions de la poste ou du télégraphe ne sont pas
toujours les mêmes que celles du chemin de fer. S'agit-il de transcrire en arabe
un nom européen, on voit souvent paraître les combinaisons de lettres les plus
bizarres. La philologie s'est trop attachée à la langue littéraire ou à la langue
parlée, elle ne s'est pas occupée de ce que j'appellerai la langue parlée écrite,
c'est à dire l'écriture qui rend uniquement le son, sans s'embarrasser de la
grammaire ou de l'orthographe qui ne sont qu'une convention.

ils se sont débarrassés de tout ce qui en dépendait, comme par exemple le déterminatif. Leur écriture a un caractère alphabéti‑ que plus prononcé, cependant elle est encore imcomplète, le déve‑ loppement n'est pas achevé comme dans l'écriture grecque. Elle n'a pas comme loi fondamentale que toute lettre du mot doit être représentée, aussi bien les voyelles que les consonnes.

III.

Le déterminatif et l'ordre des signes en égyptien.

La question de l'origine de l'alphabet nous a conduit aux langues sémitiques et principalement au cananéen. Revenons main‑ tenant à l'égyptien. Nous avons insisté sur ce que l'écriture égyp‑ tienne avait jusqu'à la fin conservé des caractères qui révélaient son origine, et qui montraient qu'elle avait commencé par être un dessin. L'un de ceux qui est à cet égard le plus probant, c'est le déterminatif. Le déterminatif est un signe idéographique placé à la suite de caractères phonétiques, et qui ainsi fournit l'explication du mot qui précède écrit de cette manière, et paraît en donner le sens. Un déterminatif peut se placer aussi bien après un verbe qu'après un nom, et il peut être de deux sortes : ou bien il est la représentation exacte de ce qu'indique le mot écrit phonétiquement, ainsi dans le mot ▽𓏏𓁐 qui veut dire *une femme*, le dessin de la femme explique exactement ce que veut dire le mot ▽, ou bien il est générique, c'est à dire qu'il peut s'appliquer à toute une classe de personnes ou d'objets, ou à un genre d'actions, ainsi l'homme assis 𓀀 détermine tout aussi bien le père que le frère, le prêtre, l'écrivain, partout où il s'agit d'un homme, de même que le bras armé ⟜ suivra presque tous les mots indiquant une action violente.

Quelle est l'origine du déterminatif? Peut‑on dire avec GAR‑ DINER que, historiquement, le déterminatif n'est pas destiné à donner le sens des caractères phonétiques qui le précèdent, mais qu'au contraire ce sont les caractères phonétiques qui fournissent le sens du signe idéographique? A cette idée, il y a de graves objections à faire. Si les caractères phonétiques étaient l'explication du caractère figuratif, pourquoi cette explication précéderait-elle toujours la figure? et quelle nécessité y aurait-il alors de dessiner la figure dont le nom vient d'être donné? Puis, comment expliquer les déterminatifs génériques? A quoi bon, par exemple, le signe ∧ qui détermine un nombre considérable de mots? on ne voit guère quelle en est l'utilité, et pourquoi il a été écrit.

Peut-on dire aussi, avec Erman, que les déterminatifs sont la partie la plus récente de l'écriture égyptienne? (1) Peut-être, s'il s'agit de déterminatifs génériques, mais le déterminatif véritable, celui qui représente bien la figure ou l'action qui vient d'être nommée, doit remonter à l'origine de l'écriture. C'est aussi l'opinion de Sethe. Il nous semble que la présence du déterminatif s'explique si l'on se reporte aux premiers commencements de l'écriture. Nous l'avons vue passer du dessin des primitifs à l'écriture figurative; de là il y a eu un pas de plus, l'adoption de l'écriture alphabétique, mais ce nouveau progrès s'est fait en corrélation étroite avec le dessin, et ce qui le prouve, c'est que pour l'égyptien une sculpture ou une peinture murale n'est jamais complète, s'il n'y a un texte pour l'accompagner.

Tacite (2) nous dit que les premiers, les Egyptiens ont représenté les idées par des figures d'animaux, et que les plus anciens monuments de la mémoire humaine sont gravés sur des rochers, et qu'ainsi les Egyptiens se donnent pour les inventeurs des lettres. Si l'assertion de l'historien romain est fondée, et que les premiers essais d'écriture aient été gravés par eux sur des rochers, on peut supposer à juste titre que ces premiers essais se présentaient

---

(1) Je ne puis me ranger à l'assertion d'Erman que les déterminatifs sont beaucoup plus rares dans les textes des Pyramides que plus tard. Il me semble, au contraire, qu'ils sont nombreux et employés lorsqu'ils ont un sens spécial, c'est à dire lorsqu'ils représentent l'objet ou l'action dont ils suivent le nom. Ce sont les déterminatifs génériques dont l'origine serait plus tardive.

(2) Annal. 11. 14.

sous la forme restée immuable pour les sculptures murales pen=
dant les siècles qu'a duré l'écriture hiéroglyphique, celle d'un
dessin accompagné de caractères phonétiques. Ce devait donc
être à un degré plus rudimentaire, quelque chose d'analogue à
ce que nous voyons dans les sculptures des tombeaux de l'An=
cien Empire.

Nous avons déjà montré que ces sculptures comme celles
des temples, n'étaient pas de simples décorations, mais qu'elles
avaient un but didactique, elles devaient enseigner par la
vue ce qu'était la vie du défunt dans l'autre monde. Mais ici le
but didactique était encore plus prononcé, ces bas=reliefs où la
figure est en général accompagnée du mot par lequel est exprimé
l'acte figuré, et par le nom et les titres de la personne, sont destinées
à enseigner comment se dit et comment s'écrit l'acte dont il s'agit.
En d'autres termes, la figure a été là première, l'inscription a
suivi pour dire son nom. Je prends un exemple dans les sculp=
tures de l'Ancien et du Nouvel Empire, l'une des scènes les
plus fréquentes est celle de bouchers qui abattent et dépècent
un bœuf, les mots qui l'accompagnent sont presque toujours les
mêmes. L'un de ces bouchers qui, comme ceux de nos jours, a
son aiguisoir retenu à la ceinture par une corde, se sert de son
instrument pour affiler son couteau (1). Au dessus du person=
nage on lit ces mots ⲥⲙ «aiguiser le couteau», sans aucun
déterminatif puisque le personnage est là qui le fait. La repré=
sentation complète nous donne donc un double enseignement,
celui des yeux et celui de l'oreille, elle montre comment l'acte
se fait, c'est ce qui frappe les yeux, et aussi comment cet acte
s'appelle, c'est là ce qui frappe l'oreille et lui enseigne par quels
signes on fixe, on rappelle ce mot.

Il semblerait donc qu'à l'origine, ces représentations sur les
rochers dont parle TACITE ne devaient se composer que de la
figure et des mots qui y correspondaient exactement. Puis

---

(1) DAVIES, Ptahhotep II, pl. XXIII, et dans presque toutes les scènes de
boucherie.

quand l'écriture fut plus développée, on l'employa à compléter
ces représentations en y ajoutant ce qui ne pouvait pas être
figuré, les noms des personnages, leurs titres, et leurs conver=
sations. Un texte écrit qui ne doit pas être accompagné de
figures, comme les textes des Pyramides, est cependant la repro=
duction abrégée de la représentation. Les mots cités plus haut
sont écrits avec le couteau comme déterminatif, qui est tout ce
qui reste de la scène et qui la rappelle ; et alors il remplit une
fonction très importante, il distingue les mots, et il en facilite la
lecture.

Qu'on prenne un des textes destinés à être lus à haute voix,
comme par exemple ceux des Pyramides ; si l'on recherche quel
est l'usage des déterminatifs et leur raison d'être, il est des cas
où l'emploi est facilement reconnaissable. J'ouvre le volume à
la première page venue et je trouve cette phrase : [hiéroglyphes]. Le premier déter=
minatif montre une barque, et rappelle le dessin où l'on verrait un
homme assis dans sa barque, une rame à la main. Ainsi il indique
la prononciation des signes qui précèdent. Le mot [hiéroglyphes] a plu=
sieurs sens, en particulier il veut dire *être malade*. Il est bien possi=
ble que dans les deux cas la prononciation ne soit pas identique,
en ce qui concerne les voyelles. Le déterminatif sert donc à indi=
quer qu'il s'agit de navigation, et le lecteur n'est pas embarrassé
pour donner au mot la prononciation correcte, car il connaît la lan=
gue. C'est là un point sur lequel on ne saurait trop insister et qu'on
est trop enclin à oublier. L'écriture égyptienne est destinée aux
Egyptiens, c'est à dire à ceux qui parlent la langue et qui en
comprennent les mots. Ce n'est pas une écriture qu'on puisse
facilement déchiffrer et lire sans se rendre compte du sens de
ce qu'on lit, comme par exemple lorsqu'il s'agit d'un texte grec.

Il en est de même du déterminatif [hiéroglyphes] qui suit le verbe [hiéroglyphes],
le causatif de [hiéroglyphes]. Il y a beaucoup de mots [hiéroglyphes] qui ne se
composent que de deux voyelles, lesquelles très probablement
sonnaient différemment. Dans ce cas=ici, [hiéroglyphes] sonnait=il exacte=

ment comme dans le mot ⟦𓇋𓈗⟧ qui veut dire *laver* et qui, à en juger par le copte ЄΙΛ devait se prononcer *ïa* ou *ïo*? nous ne saurions le dire, pas plus que pour le mot ⟦𓇋𓄹⟧ qui veut dire *la chair*. Il ne faut pas oublier que les voyelles sont des phonèmes variables. Nous avons ici une sorte de raccourci de la scène telle que nous la verrions sur le mur d'un tombeau, l'objet ou l'acte figuré et son expression phonétique. Le déter‹ minatif indiquant de quel objet ou de quel acte il s'agit, nous enseigne la prononciation du mot ; il joue ainsi le rôle d'indi‹ cateur phonétique.

En même temps, dans un très grand nombre de cas, il marque où le mot finit, il sépare le mot du suivant, par exemple dans la phrase que nous avons citée, le déterminatif termine le mot ⟦𓏤⟧. Dans le mot ⟦𓇋𓆑𓏛𓏛𓅯⟧ le déterminatif trois fois répété signifie que le mot est un pluriel et qu'il faut le pro‹ noncer avec la désinence *u* du pluriel, qui ici est aussi indiquée phonétiquement par ⟦𓅯⟧. Dans nos langues, les mots sont séparés les uns des autres ; ils ne le sont pas en général dans un texte grec ou latin. Et l'on se demande si le lecteur ne devait pas commencer par déchiffrer un pareil texte avant de le lire à haute voix. Il en est de même en copte, cependant dans certains ma‹ nuscrits on voit un petit intervalle entre les mots.

Comme l'écriture égyptienne est un dessin, elle n'a pas de signes conventionnels, tout au plus pourrait‹on donner ce nom au point qui quelquefois suit un mot comme ⟦𓂋⟧ *la bouche*, ou aux trois points du pluriel. C'est donc par des figures que tout doit être indiqué. C'est une figure qui montre la fin d'un mot, le déterminatif que dans bien des cas on considère comme étant l'explication du groupe phonétique qui précède.

On s'est souvent demandé quel était l'usage du déterminatif. Pourquoi, disait‹on, ajouter à un mot un signe qui en est l'ex‹ plication, à quoi sert ce signe dans la lecture à haute voix où il est muet ? Maintenant l'usage en paraît très clair, et la pré‹ sence du déterminatif est, sinon absolument nécessaire, du moins d'un grand secours, que la lecture soit à haute voix ou à voix basse. Dans un mot dont la prononciation est incertaine, il la fait connaître, surtout en ce qui concerne les voyelles au sujet desquelles quiconque sait la langue n'a pas de doute, puis il marque la fin d'un mot, il joue un rôle qui se rapproche de la ponctuation. Et cela explique que le déterminatif ne soit pas toujours l'image exacte de ce que veut dire le mot qui précède, que ce soit ce qu'on a appelé un déterminatif générique. L'essen‹ tiel, c'est que le lecteur voie que le mot finit par ce signe, c'est pourquoi nous rencontrons un si grand nombre de mots qui se terminent par le bras armé ⌣—, auquel on ne saurait guère attri‹ buer une autre utilité que celle‹là.

Si l'on veut donner au déterminatif un nom indiquant sa fonc‹ tion, on l'appellera signe auxiliaire. Il n'est pas indispensable, on peut trouver des textes qui n'en ont pas, ou qui en ont fort peu, mais il est indubitable que la présence du déterminatif facilite considérablement la lecture, un peu comme les points‹ voyelles facilitent celle d'un texte sémitique. Cela explique pour‹ quoi le déterminatif non seulement n'a pas été abandonné, mais au contraire est plus fréquent dans les textes du Nouvel Empire que dans ceux des Pyramides.

Ce qui a empêché jusqu'à présent de reconnaître le caractère du déterminatif et le but pour lequel il a été employé, c'est qu'on n'a pas suffisamment tenu compte du caractère originel du mot égyptien, caractère qu'il n'a jamais abandonné, même dans le démotique. On a toujours voulu soumettre le mot égyp‹ tien aux lois qui régissent une écriture alphabétique tout à fait conventionnelle, et où chaque signe n'a plus rien de figuratif, mais a une valeur par lui‹même, tout à fait indépendante de son apparence. Pour un mot écrit en un alphabet de ce genre, chaque signe est à sa place marquée, il n'y a pas d'inversion, chacun est écrit dans l'ordre où il doit être prononcé, et chacun con‹ serve son rang.

Il faut toujours revenir à ce que le mot égyptien est un dessin qui doit être lu d'une certaine manière, mais que ce n'est encore qu'une écriture imparfaite, dans laquelle le caractère alphabétique n'a pas atteint son plein développement. (1)

Nous avons vu plus haut que cette écriture n'était pas régie par la loi fondamentale à laquelle obéit l'écriture grecque : toutes les lettres du mot, aussi bien voyelles que consonnes, doivent être écrites, et aucune ne doit être omise. Il est une autre loi qui n'est observée qu'avec une certaine irrégularité, c'est que toute lettre a dans le mot une place définie dont elle ne peut s'écarter.

Cette loi prévaut en général, surtout dans le commencement des mots, et dans beaucoup de cas la métathèse se justifie et s'explique. Mais très souvent on se trouve devant des exceptions difficiles à expliquer quoiqu'elles soient très fréquentes. Il semble alors que l'idée du dessin n'ait pas disparu, le mot se compose d'un certain nombre de signes, voyelles et consonnes, qui doi= vent commencer par l'un deux, mais dont l'ordre n'est pas absolu. Il en serait des mots comme des cartouches, où la dis= position des signes est réglée presque entièrement par le fait que le nom royal est composé d'un groupe de figures qui doi= vent être disposées de manière à produire un certain effet gra= phique, ou par le fait qu'il y a une certaine hiérarchie dans les signes, due aux idées religieuses. Ainsi ⊙, le nom du dieu Ra,

---

(1) Je trouve qu'avant moi un savant français dont les travaux sont trop oubliés, le MARQUIS DE ROCHEMONTEIX, avait émis une idée toute semblable : « Les écritures sémitiques, celle de l'Egypte Ancienne, sont des écritures *mné= moniques*, bien plutôt qu'*analytiques*. Chaque mot forme un groupe que l'usage apprend à reconnaître. Dans ces longues lignes sans séparations l'œil épelle les mots, au lieu des lettres ; il les isole comme des monogrammes dont les éléments peuvent sans danger être polyphones ; c'est avant tout la com= binaison de ces éléments qui annonce le mot, et indique pour chaque poly= phone une prononciation déterminée. » (Œuvres diverses p. 127).

Le point de vue de ROCHEMONTEIX me paraît tout à fait juste. Le mot sémitique ou égyptien est un groupe que lit sûrement celui qui connaît la langue. Mais il y a lieu de distinguer les langues sémitiques de l'égyptien. L'écri= ture égyptienne a conservé le caractère figuratif qu'a perdu celle des Sémites. Le mot égyptien n'est pas seulement un groupe de signes, c'est un dessin, et pour le lire correctement il faut le secours du déterminatif qui en indique la prononciation, et qui souvent le sépare du groupe suivant. Le caractère figu= ratif peut seul expliquer la polyphonie.

ou celui d'Amon, doivent toujours être le premier signe du cartouche.

Un cartouche comme celui=ci doit se lire *Seti menephtah*. Le nom du dieu *Phtah*, qui est écrit le premier, est le der= nier mot, et la préposition ⌇⌇⌇⌇ doit précéder, quoiqu'elle soit la dernière. Elle doit être intercalée entre ▢⌇ *Phtah* et ⌇ *me* deux syllabes composant le dernier nom qui est cependant en tête du cartouche. Il en est de même de celui=ci *Ra messu mer Amun*; *mer Amun* écrit *Amun mer* est placé entre les deux parties du nom de Ramsés, et les deux dieux sont gravés de manière à se regarder, le dieu Ra est tourné à droite quoique le cartouche se lise de gauche à droite. Dans ces deux cartouches, l'effet du dessin est ce qui règle la place des signes, et non l'ordre dans lequel ils doivent être lus. Le cartouche est donc un ensemble de signes qui doivent être disposés de manière à plaire à l'œil.

On peut se demander s'il n'y a pas un reste de cette tendance dans la manière dont sont écrits un grand nombre de mots qui seraient encore pour l'écrivain un groupe de signes destinés à être lus d'une certaine manière, sans que cette lecture résulte nécessairement de l'ordre dans lequel ils sont écrits. La loi de l'ordre fixe des caractères, ce progrès de l'écriture alphabétique véritable, ne serait donc qu'imparfaitement réalisée dans l'écriture égyptienne.

Ce qui est fréquent, c'est de trouver à la fin une voyelle qui évidemment était dans le corps du mot, sans qu'on puisse expliquer pourquoi elle manque à la place voulue. Voici par exemple le mot ▱ que nous trouvons écrit ⌇ et ⌇. Dans les noms propres, il peut être suivi de la voyelle finale ⌇. Le copte ⲤⲰⲦⲠ, ⲤⲞⲦⲠ nous apprend que le mot doit être lu *hotep*. Les noms propres seront *Amen= hotepu, Rahotepu*. Mais comment se fait=il que jamais, à ma connaissance, on ne trouve ⌇? Le ⌇ serait donc toujours resté la syllabe *hu* et non la simple lettre *h*, comme aussi dans d'autres mots tels que 〔hiéroglyphes〕 qu'on trouve écrit 〔hiéroglyphes〕 et qui est aussi en copte ϨⲰⲦⲈⲂ. Je ne crois pas non plus que dans le mot 〔hiéroglyphes〕 on ait jamais rencontré 〔hiéroglyphes〕 en copte ⲚⲞⲨϤⲈ et ⲚⲞϤⲢⲈ, tandis qu'on rencontre souvent 〔hiéroglyphes〕 ; de même 〔hiéroglyphe〕 dont la valeur phonétique est 〔hiéroglyphe〕, en copte ⲚⲞⲨⲦⲈ, ⲚⲞⲨⲦⲒ. Dans ces deux mots, 〔hiéroglyphe〕 conserve la valeur *nu*, 〔hiéroglyphes〕 qu'on rencontre dans certains anciens textes.

Voici encore le dieu Anubis, dont le nom est toujours écrit 〔hiéroglyphes〕 jamais 〔hiéroglyphes〕 quoique la transcription grecque Ἀνουβις ne laisse pas de doute sur la place de la voyelle 〔hiéroglyphe〕. Peut-on dire que la voyelle dominante du mot a été placée à la fin, ou que si 〔hiéroglyphes〕 doit être lu *Anupu*, dans le cas où la même voyelle se trouve deux fois dans le même mot, on ne l'écrit qu'une fois à la fin. Il y a là une irrégularité que nous ne savons comment expliquer autrement qu'ainsi : la loi qui oblige à écrire les caractères dans un ordre fixe, qui est celui dans lequel ils se prononcent, cette loi n'existait pas encore dans l'écriture égyptienne, et aussi parce que la même consonne peut être syllabique, c'est à dire accompagnée d'une voyelle, ou un caractère alphabétique pur.

A cet égard, il est intéressant d'étudier les mots formés par une syllabe fermée, deux consonnes entre lesquelles est placée une voyelle. Je reviens à la syllabe 〔hiéroglyphe〕 qu'on a voulu à tort considérer comme deux consonnes entre lesquelles pouvait se trouver une voyelle quelconque. Nous avons vu que cette assertion était tout à fait erronée, vu que 〔hiéroglyphe〕 a toujours son complément phonétique 〔hiéroglyphe〕 ce qui en fait la lettre *m*, et non plus une syllabe. La voyelle inhérente à la syllabe 〔hiéroglyphe〕 c'est 〔hiéroglyphe〕, *e* ou *i*, et lorsqu'on veut l'indiquer, décomposer pour ainsi dire la syllabe, on est bien forcé d'écrire 〔hiéroglyphes〕 parce qu'on ne peut pas intercaler la voyelle dans le signe. Cela ne veut pas dire qu'il faille lire *meni*, cela peut n'être que *men* ou *min*. 〔hiéroglyphe〕 étant la voyelle inhérente de la syllabe qu'on ne pouvait pas marquer à sa place

il fallait bien la mettre après. On pourrait citer d'autres exem=
ples analogues.

On remarquera que toutes les fois qu'au lieu de la voyelle
e ou *i* il y en a une autre, ⊏⊐ cesse d'être un caractère sylla=
bique, il est toujours accompagné de son complément phoné=
tique ∿∿∿, ce n'est donc plus une syllabe fermée. Mais, chose
curieuse, cette voyelle n'est pas intercalée à sa place entre ⊏⊐
et ∿∿∿, elle est toujours à la fin. Voilà par exemple le mot
⊏⊐ qui veut dire *une nourrice*. Il semblerait qu'on doit lire
mena, et pourtant les mots coptes ΜΑΑΝΕ, ΜΟΟΝΕ montrent
qu'il y avait entre l'*m* et l'*n* une voyelle longue $\bar{a}$ ou $\bar{o}$ indi=
quée, comme cela arrive souvent en copte, par la réduplication
de la voyelle brève. ⌐ devrait donc être écrit entre ⊏⊐ et ∿∿∿
ce qui ne se trouve jamais.

Le signe se lit *mos* ou *mas*, nous le savons par les tran=
scriptions *Amosis* et *Amasis* et par l'étymologie populaire
donnée au nom de Moïse. De même que pour ⊏⊐ nous pou=
vons trouver la voyelle étant indiquée après le signe, mais
si la décomposition de la syllabe est plus complète et que les
consonnes soient séparées la voyelle pourra être écrite,
et elle sera aussi à la fin et non à sa place au milieu de la syllabe.

Comment expliquer ces irrégularités, cette sorte d'arbitraire
dans la manière d'écrire les mots? Je ne crois pas que la gram=
maire puisse nous apporter aucun secours à cet égard. Il faut
toujours remonter à l'origine, au dessin, ne pas oublier qu'un
groupe hiéroglyphique, c'est une ou plusieurs figures qui ont
un nom, et ce nom, c'est le mot qu'elles représentent. Ces figures
forment un ensemble, et le nom de cet ensemble est le même,
quoique les diverses parties qui le composent ne soient pas dis=
posées exactement de la même manière.

Il doit y avoir là le reste d'une ancienne tradition qui s'est
perpétuée au travers des siècles, une faute qui s'est transmise
au travers des âges et qu'on n'a jamais songé à corriger. Il faut
toujours en revenir au parallélisme avec le dessin. Qu'on prenne

une figure humaine vue de profil comme nous en avons con=
servé des milliers, de toutes les époques. Le corps humain semble
composé de membres qu'il est nécessaire de montrer, quoique
la manière dont on les présente ne soit nullement un tout har=
monieux. Loin d'être une reproduction véritable de la personne,
ce n'est qu'un assemblage impossible qui est en contradiction
absolue avec l'anatomie. L'œil sera toujours vu de face, quoique
le reste de la tête soit de profil ; le haut du buste est de face,
on voit les deux épaules et les bras de chaque côté du corps,
et cependant le bas du torse est de profil ainsi que les jambes
et les pieds. L'Egyptien n'a jamais été frappé de ce qui est plus
qu'une incorrection de dessin, c'est une faute grossière qui aurait
révolté un Grec, et contre laquelle on n'a réagi à aucune époque.
Les figures des empereurs romains, à cet égard, ne diffèrent en
rien de celles des plus anciens Pharaons.

L'écriture partage les mêmes imperfections que le dessin dont
elle est issue. Le mot est comme une figure dont les lettres sont
les membres. La forme générale est réglée et reconnaissable, mais
la disposition des lettres n'est pas conforme à la vérité, qui dans
ce cas=ci est la prononciation. Un mot écrit est un assemblage
de signes, de voyelles et de consonnes, dont on sait la pronon=
ciation. On a indiqué par où il commence, mais la place vraie
des signes qui suivent n'est pas rigoureusement indiquée, de
même que dans un dessin la tête sera toujours en haut de la
personne, tandis que la position des épaules et des bras pourra
être représentée d'une manière qui en réalité est impossible. Cela
ne choquait pas plus les Egyptiens de voir écrit ⸛ un mot
qu'ils prononçaient probablement ⸛ *man*, que lorsqu'ils se trou=
vaient devant une figure tournée de côté et voyaient l'œil les
regardant en face. Leur indifférence pour la faute grave était la
même d'un côté comme de l'autre, et ils n'ont jamais rien fait
pour la corriger.

C'est que pour l'Egyptien ce n'était pas une faute, cela répon=
dait à l'idée qui est à la base de toute représentation graphique.

Dans toute peinture ou dans tout bas-relief, ce que recherche l'Egyptien, ce n'est pas la beauté artistique. Pour lui, comme nous l'avons toujours soutenu, (1) l'art est avant tout un langage. Il ne vise pas tant à être admiré qu'à être compris. L'artiste veut montrer un homme debout : peu importent les incorrections que nous avons signalées et qui paraissent heurter si violemment les lois de la nature. Personne ne se trompait sur ce qu'avait voulu dire l'artiste, c'était là l'essentiel. Pourquoi alors changer de procédé, puisqu'on avait toujours fait ainsi ? Quelle raison de renoncer à un mode de faire qu'on avait hérité des pères depuis des siècles ? C'était un moyen élémentaire de se faire comprendre, et cela suffisait. Quel motif d'abandonner un procédé enfantin dont on ne s'était jamais plaint ? Le besoin de progrès ne s'est jamais fait sèntir parce que chez l'artiste l'idéal, la recherche du beau, ne se trouve pas.

L'écriture, on ne saurait trop le répéter, ne se compose que de figures, n'est qu'un dessin, et de même que dans le dessin, le trait de l'enfance a persisté. La condition essentielle pour un mot, c'est qu'on le reconnût. L'écriture n'en était pas encore arrivée à cette conception qui nous paraît élémentaire, c'est que le mot écrit doit être vrai ; il doit être une reproduction complète et exacte de ce qu'on entend, de ce qu'on prononce, et non pas seulement une approximation reconnaissable. Nous nous trouvons à une phase bien marquée du développement intellectuel, une phase par laquelle passe l'enfant qui dessine, le besoin de se faire comprendre sans cependant se conformer à la vérité.

Il est clair que ce défaut de précision dans la structure du mot en rend la transcription tout à fait conventionnelle. Nous avons vu que la valeur variable des voyelles ne permettait pas de les rendre par un phonème unique et invariable, et que le signe ☙ par exemple, que l'on transcrit volontiers par *a*, pouvait se prononcer *o* et d'autres manières encore. Mais le fait que l'ordre des lettres n'est pas toujours respecté, et en particulier

(1) L'art Egyptien p. 11.

que les voyelles ne sont pas toujours à leur place, ajoute encore
à la difficulté de transcription. Le copte à cet égard ne nous est
pas toujours un secours suffisant. Voici par exemple le mot
qui veut dire *se reposer, s'asseoir*, en copte il se lit 2ϬMϹI sans
voyelle longue, 2MOOϹ avec une voyelle longue dans la dernière
syllabe. Il y a là une différence qui paraît purement dialectale
et qui existait peut-être déjà à l'époque où le mot était écrit en
hiéroglyphes. L'Egyptien, voyant le mot écrit ainsi et avec son
déterminatif, qui ici a un rôle phonétique, n'avait aucun doute
sur la manière dont il devait le prononcer, qu'il fût à Thèbes
ou à Memphis, il le lisait suivant le dialecte de la localité.

Evidemment, comme l'a tenté MASPERO avec succès dans beaucoup de cas, il faudrait arriver à remplacer la transcription par
la vocalisation, mais on voit combien il est difficile d'arriver à
quelque chose de certain. Et encore il y a lieu de se demander
si les inscriptions hiéroglyphiques répondent à une vocalisation
unique, et s'il n'y a pas lieu à tenir compte de dialectes différents qui devaient exister.

Résumant les phases successives du développement de l'écriture, nous avons vu d'abord comment elle avait passé du dessin
à l'écriture hiéroglyphique, et de là par l'acrophonie à la syllabe
ouverte, laquelle, par l'omission de la voyelle, a conduit à la
lettre alphabétique. Mais nous avons reconnu que le caractère
alphabétique n'est pas absolu ; sans cesse encore, le syllabique
reparaît, et cela tant qu'a duré l'écriture hiéroglyphique. Aux
Egyptiens on doit ce premier progrès : ils se sont engagés sur
la voie de l'écriture alphabétique, mais ils sont restés à mi-chemin.
Ils n'ont pas séparé définitivement la lettre de la syllabe, et
surtout ils ne se sont jamais débarrassés de l'élément figuratif.
En cela comme en beaucoup d'autres choses, les Egyptiens sont
arrivés jusqu'à un certain point qu'ils n'ont pas dépassé, ils en
sont restés là pendant les longs siècles de leur existence. Il a
fallu les Phéniciens, ou plutôt les Crétois, d'après les nouvelles
découvertes, pour arriver à l'écriture alphabétique pure, cepen-

dant encore imparfaite, et ce sont les Grecs qui sont parvenus à cette loi sous laquelle nous vivons aujourd'hui, et qui nous prescrit d'écrire dans un mot toutes les lettres dont il se com= pose, aussi bien les voyelles que les consonnes. Phéniciens et Grecs, n'ayant plus rien de figuratif dans leur écriture et n'ayant plus que des signes conventionnels, ont été obligés, pour com= poser un mot, de mettre les lettres dans un ordre strict et dont il n'y avait pas à s'écarter, chaque lettre n'étant plus qu'un élément destiné à rappeler un son et n'ayant pas de sens par lui=même.

CHAPITRE II.

LA GRAMMAIRE.

Peut-on dire que la grammaire égyptienne a été établie, et même peut-on affirmer que le principe sur lequel devrait reposer une grammaire véritable de l'ancien égyptien ait été posé solide-ment et sur une base inébranlable? A cet égard, les opinions des égyptologues diffèrent considérablement. En dépit de l'assu-rance avec laquelle on nous présente le système allemand, nous demeurons encore très sceptique, et nous ne sommes pas éloigné de répéter ce que nous écrivions en 1875 : « On peut se deman-der si nous arriverons jamais à autre chose qu'un catalogue de faits dont nous ne pourrons pas mieux déterminer les lois que celles de l'orthographe ». C'est à une conclusion analogue qu'était arrivé Maspero lorsqu'il écrivait dans son dernier travail : « Je n'ai pas l'ambition de composer ici une véritable grammaire égyp-tienne, car, malgré tout ce qui a été publié sous ce titre, en France, en Angleterre, en Italie, en Allemagne, j'estime que nous ne savons pas encore assez pour y réussir. » (1)

Peu de temps avant sa mort, Champollion mettant en ordre les feuilles de sa *grammaire* égyptienne. « Serrez-la soigneusement, disait-il, j'espère que ce sera ma carte de visite à la postérité ». Publiée plusieurs années après, cette grammaire nous étonne encore par la marque du génie qu'on y rencontre presque à chaque page, l'intuition extraordinaire du sens du texte égyptien. Comme le dit E. de Rougé, « l'admiration éclate et salue le créateur de la science », quand on songe que c'est en moins de dix années

(1) Introduction à la phonétique égyptienne, p. 3.

qu'il était arrivé à une intelligence aussi avancée de l'écriture et de la langue qui jusqu'à lui étaient un livre fermé.

Il faut se rappeler qu'avant lui le sens et la nature des hiéro‑glyphes étaient absolument inconnus, aussi l'on comprend que dans sa grammaire, Champollion ait donné une grande place à la représentation graphique, à la manière dont les mots étaient écrits, à ce que nous appelons l'orthographe. Ainsi, dans sa classification des verbes, ce qu'il considère, ce sont les signes par lesquels ils sont représentés. Il distingue ceux qui sont écrits en caractères mimiques ou figuratifs, (1) « d'autres par des signes symboliques et d'autres enfin au moyen de caractères phoné‑tiques ». Il est clair que, sachant maintenant qu'un verbe peut être écrit avec l'un ou l'autre de ces caractères, cette classification n'a plus de valeur. Il en est de même pour les noms ; c'est surtout la manière de les écrire qui préoccupe Champollion, il ne nous indique nullement ce qui, dans la forme, constitue le nom, et distingue le nom du verbe.

Pour le verbe, il cherche à retrouver les temps et les modes, mais quand il entreprend de reconstruire la conjugaison, il com‑mence par dire « qu'il n'est point rare de rencontrer dans les textes hiéroglyphiques, des verbes des trois espèces employés sans recevoir aucune marque de temps ni de personne » (2). Cela revient à dire que pour ces mots la conjugaison n'existe pas, et même qu'on ne peut pas appeler ces mots des verbes, car ce qui caractérise les verbes, c'est que la forme varie selon les per‑sonnes et les temps.

Et cette conjugaison là où elle existe, est indiquée par des pronoms simples ou primitifs ajoutés aux groupes exprimant des verbes, sans aucune autre marque particulière, c'est ainsi qu'est formé le présent indicatif. Le passé est indiqué par ces mêmes pronoms suffixes précédés de l'articulation ⌇⌇⌇ « qui devient ainsi la véritable marque du temps », mais cette articulation ⌇⌇⌇ étant

(1) Grammaire p. 341.
(2) Grammaire p. 390.

ce qu'il nomme une préposition simple préfixe d'un usage ex‑
trêmement fréquent, et en particulier pour exprimer le datif, on
ne peut guère la considérer comme la caractéristique du passé.
Le futur est indiqué par des auxiliaires ou des prépositions qui
précèdent le verbe. Les modes tels que le subjonctif ou l'impé‑
ratif ne se distinguent par aucune forme spéciale, on les traduit
ainsi à cause des mots qui précèdent et dont ils dépendent.
Dans l'expression *j'accorde qu'ils reçoivent* ⟨hiéroglyphes⟩ le
subjonctif n'est qu'en français, et en égyptien ne diffère en rien
de l'indicatif. L'infinitif est le groupe représentant le verbe sans
aucune marque de temps, et les participes le même groupe, suivi
des pronoms suffixes.

En résumé, la grammaire de Champollion découvre et inter‑
prète d'une manière remarquable un grand nombre de formes
de la langue égyptienne. Il en retrouve très bien le sens ; c'est
là pour lui l'important. Mais sa grammaire est faite sur le plan
des langues indo‑européennes ou sémitiques, dans lesquelles les
formes sont d'un usage constant et nécessaire. Cependant, il nous
le dit lui‑même, un verbe peut être employé sans recevoir aucune
marque de temps ni de personne. La forme ⟨hiéroglyphe⟩, le pronom per‑
sonnel de la première personne précédé de la préposition ⟨hiéroglyphe⟩
est sans doute la marque du passé dans beaucoup de cas, mais
elle peut être aussi celle du futur, et surtout celle du datif. On
ne peut donc pas dire que ce soit une forme verbale, et cela
d'autant plus que pour exprimer le passé il y a d'autres moyens
de le faire, par exemple des auxiliaires, et que très souvent aussi
l'idée du passé résulte du contexte sans qu'il y ait rien qui l'in‑
dique dans la forme du verbe. On pourrait en citer un très
grand nombre d'exemples, (1) même dans les inscriptions histo‑
riques. Ainsi, ce que Champollion donne comme la forme régu‑
lière du passé n'est qu'une forme qu'on peut appeler occasionnelle.
On peut voir par ce qu'il nous dit du verbe ce qu'est le caractère
général de sa grammaire ; quoique certaines parties, comme les

(1) Voir p. ex. l'inscription de Piankhi.

pronoms, soient à quelques exceptions près d'une exactitude remar‑
quable, on ne peut appeler l'œuvre entière qu'un merveilleux essai
de grammaire, essai encore fragmentaire et incomplet, que l'auteur
aurait sans doute modifié et développé si sa vie s'était prolongée.

Après CHAMPOLLION, le premier à se charger de cette tâche, à
laquelle le maître attachait tant de prix, a été BUNSEN dans le
premier volume de son ouvrage : Ägyptens Stellung in der
Weltgeschichte ; Il y a là un aperçu de ce qu'étaient la langue et
la grammaire. C'est en somme un résumé de CHAMPOLLION, im‑
primé sans hiéroglyphes. Nous ne le connaissons que par la
traduction anglaise à laquelle BIRCH a ajouté des notes. Nous
trouvons déjà là une constatation fondamentale qui est à la base
des systèmes grammaticaux, sauf celui de l'école allemande, et
qui est exprimée en ces mots (1). « L'un des caractères les plus
importants de la langue égyptienne, c'est que les mots, que nous
appelons racines, et qui expriment un verbe, sont en même temps
et sans aucun changement des noms, des substantifs, aussi bien
que des adjectifs. Ainsi anχ (anech) signifie vivre, vie, vivant,
un être vivant. »

Dans le dernier volume de l'édition anglaise du même livre,
BIRCH a repris la grammaire en détail. Il s'étend longuement sur
les pronoms, que CHAMPOLLION avait déjà reconnus d'une manière
presque complète. Lorsqu'il en arrive à la caractéristique du
nom, il nous dit : « Le nom ne subit pas de changement dans
sa racine, les différents cas sont marqués par des prépositions
préfixes, la finale du mot restant toujours la même .. » (2) S'agit‑il
du verbe, BIRCH nous dira (3) que le verbe est formé par une
racine verbale inchangeable, les verbes sont conjugués au moyen
d'auxiliaires préfixes à la racine, de terminaisons affixes, de pro‑
noms préfixes ou affixes. Il y reviendra une seconde fois en ces
termes (4) « Le verbe, en égyptien, ne change pas sa racine ver‑

(1) Egypt's place in Universal History, vol. I. p. 283.
(2)   »   »   »   vol. V. p. 622.
(3)   »   »   »   vol. V. p. 646.
(4)   »   »   »   vol. V. p. 654.

bale ; il est conjugué par des préfixes et des affixes et à l'aide
de verbes auxiliaires, abstraits ou substantifs, accompagnés de
prépositions. » Quoique BIRCH ne formule pas la conclusion à
tirer de ces trois assertions, elle ne peut être que la même que
celle de BUNSEN : L'égyptien ne distingue pas par la forme le
nom, l'adjectif et le verbe.

Ce qu'E. DE ROUGÉ appelle «Abrégé grammatical,» et dont la fin
ne parut qu'après la mort de l'auteur, est une analyse serrée des
diverses formes, destinée en premier lieu à en faire connaître le
sens. Parlant du substantif, E. DE ROUGÉ s'exprime ainsi : « Le
substantif ne se distingue pas ordinairement du radical pur par
une forme particulière qui apparaisse toujours dans l'écriture ». (1)
Le radical pourra subir certaines modifications qui sont les mêmes
que celles du verbe. « L'adjectif ne se distinguait pas du substantif
par une forme particulière.» (2) Quant au verbe «La forme simple
du radical, dépourvue de toute addition et représentant pour ainsi
dire l'idée abstraite, est employée dans le discours pour des cas assez
divers et que nous sommes accoutumés à distinguer soigneusement
dans nos grammaires. Soit par exemple le verbe 𓊃𓂝𓄑 pousser, frap=
per. Cette forme, toute isolée, pourra être rencontrée dans des phrases
où l'on devra nécessairement traduire, soit à l'indicatif, *il frappe,
il frappait, il a frappé, il frappera,* soit à l'infinitif, ou au parti=
cipe, quelquefois même au passif, sans modification *apparente.*
Je souligne le dernier mot, parce que l'analogie des formes sémi=
tiques engage à penser que des modifications intérieures pourraient
exister pour le passif dans la prononciation, et qu'elles sont
voilées par l'orthographe égyptienne qui n'emploie que des
voyelles vagues et qui les supprime presque arbitrairement. » (3)

Ainsi, E. DE ROUGÉ arrive à la même conclusion que CHAM=
POLLION et BIRCH : dans la forme écrite il n'y a aucune différence
entre le nom, l'adjectif et le verbe. Pour le verbe passif seul,
il soulève une grave question sur laquelle BRUGSCH reviendra.

(1) § 115.
(2) § 161.
(3) § 261.

Il est possible que le passif diffère dans la prononciation, ce dont nous ne pouvons pas nous rendre compte à cause du vague des voyelles et de leur fréquente omission. Je ne sais si E. DE ROUGÉ avait l'intention d'écrire un chapitre sur la syntaxe, je ne le pense pas, car l'analyse qu'il fait des formes en indique toujours le sens, et le motif qui en justifie l'emploi.

En 1871, BRUGSCH publiait sa grammaire, qu'il avait écrite au Caire. Dans la préface, il parle du progrès que faisait faire à la science la grammaire d'E. DE ROUGÉ, dont les deux premiers fascicules seuls avaient paru, et dont il attendait avec impatience la continuation. Cette grammaire de BRUGSCH n'a pas eu un grand succès, surtout en Allemagne. Elle méritait cependant qu'on y fît une plus grande attention, car elle est pleine d'aperçus ingénieux et d'idées fines, et surtout elle est remarquable par une grande richesse d'exemples, de même que la plupart des travaux de l'auteur qui, plus qu'aucun égyptologue, avait une connaissance de la littérature égyptienne embrassant toutes les époques. BRUGSCH a fait une grammaire systématique essayant de ramener la langue égyptienne aux cadres grammaticaux d'une langue sémitique ou indo-germanique. C'est là précisément ce qu'on peut appeler la faute de sa grammaire, car cela l'amène forcément à des assertions qui sont presque contradictoires.

Avec beaucoup de raison, il dit que les verbes forment la partie la plus essentielle de la langue égyptienne. Partant de la conjugaison, il s'exprime ainsi : (1) « Le verbe égyptien, dans sa conjugaison, offre une forme active et une forme passive, de plus les modes de l'indicatif, du subjonctif, de l'optatif, de l'impératif, du participe, de l'infinitif. Quant aux temps, il faut reconnaître comme temps fondamentaux : le présent, le passé, le futur. » La suite de la phrase, ébranle quelque peu, on peut même dire annule le commencement : « Mais il est impossible dans l'état actuel de la science, de distinguer dans les différentes formes du verbe égyptien les modifications spéciales du temps à choisir.

(1) § 129.

àrf par exemple, peut signifier aussi bien *il fait* que *il fit* ou *il fera*. Ce n'est que le sens général d'un texte, étudié avec soin, qui précise le choix du temps à traduire. Pour cette raison, nous nous abstenons de définir plus précisément les formes de la conjugaison du verbe égyptien, et nous nous sommes contenté de proposer leur riche liste sans aucune autre remarque que celle de l'indication générale de temps». Cela revient à dire qu'il n'y a pas de formes spéciales pour les temps et les modes.

On peut le voir par le catalogue des 32 temps ou modes aux= quels le verbe égyptien est soumis, et qu'il démontre sur le verbe . Il y a ce qu'il nomme les temps simples, formés par l'addi= tion d'un pronom, lequel peut être précédé de la préposition , puis les temps composés à l'aide d'auxiliaires. On remarquera que ces différentes formes peuvent exprimer le passé aussi bien que le présent et le futur, que souvent les particules sont ajoutées à l'auxiliaire et non pas au verbe lui=même, qui reste invariable et ne diffère en rien d'un nom. Et lorsqu'entre l'auxiliaire et le verbe il y a une préposition, on peut dire que l'expression de= vient une véritable périphrase.

S'agit=il des modes : (1) «La langue et l'écriture des anciens Egyptiens n'a pas de formes particulières pour indiquer le mode subjonctif.» L'optatif est exprimé par un verbe qui signifie *donne, fais que,* suivi du verbe qui indique l'objet du souhait, lequel ne porte aucune marque distinctive de l'optatit. De même, le conditionnel est rendu par un auxiliaire ou par une particule à laquelle s'attachent les pronoms. Les prépositions et les conjonc= tions, loin d'être invariables, sont souvent suivies de particules pronominales, les mêmes que celles des verbes et des noms.

En résumé, si nous considérons cet essai de grammaire systé= matique, cette tentative de classifier les formes sous les noms adoptés dans la grammaire d'une langue indo=européenne, nous pouvons seulement constater que cette tentative prouve que la

(1) §. 172.

langue égyptienne ne se prête nullement à une classification de cette nature. Les formes sont les mêmes, quelle que soit la nature du mot. Ce qui distingue le nom du verbe et de l'adjectif c'est le sens, lequel est très fréquemment fourni par le contexte seul, et non point du tout la forme.

Mais ce qui distingue la grammaire de Brugsch, et ce qui donne à ce travail une valeur qu'on n'a pas assez reconnue, c'est la grande richesse d'exemples, et l'importance qu'il met à préciser toujours le sens de la forme qu'il range dans telle ou telle catégorie. Encore aujourd'hui, malgré les progrès qu'a faits la science, la connaissance du sens exact d'une expression doit être le premier but de celui qui s'adonne à l'étude de l'égyptien. Ce n'est que lorsque l'interprétation sera assurée et définitive, que l'on pourra véritablement établir la grammaire et éviter que, comme cela arrive fréquemment, les règles que l'on croit avoir retrouvées n'induisent en erreur.

C'est cette recherche du vrai sens qui préoccupe particulièrement Brugsch dans le chapitre de la syntaxe qu'il appelle la partie la plus aride de la langue égyptienne, dont il indique les difficultés particulières quoique « l'esprit égyptien soit d'une grande simplicité et d'une merveilleuse clarté dans ses expressions, de manière que la faute est à nous dans les cas où notre traduction est obscure, ampoulée ou forcée ». Ce chapitre est le plus remarquable de tout l'ouvrage. Il avait, lors de la publication, le mérite de la nouveauté, et il nous paraît fondé, sur ce qui, à notre sens, doit être l'objet de la préoccupation première du grammairien : montrer comment l'égyptien réussit à exprimer les rapports des idées, avec une grande pauvreté de formes et l'absence de ce qui, dans nos langues, distingue les différentes catégories de mots. Ce chapitre est avant tout une analyse, un recueil d'exemples montrant ce qu'est l'ordre des mots, les pléonasmes et les ellipses qu'on peut rencontrer, et quel sens il faut donner à ces différents phénomènes grammaticaux ; ce n'est nullement une série de règles enseignant la forme à adopter pour telle ou telle idée.

On ne trouve aucune tendance à rattacher l'égyptien aux langues sémitiques, spécialement dans tout ce qu'il nous dit du verbe, la partie la plus essentielle de la langue égyptienne. Brugsch ne tente aucun rapprochement avec la conjugaison hébraïque ou arabe, et pourtant, dans la préface de son dictionnaire écrite plusieurs années auparavant, il nous disait que la langue égyptienne dans sa forme la plus archaïque avait une racine sémitique, et qu'on trouverait là l'explication de beaucoup de problèmes qui autrement nous paraîtraient insolubles. Il faut croire que dans l'intervalle les idées de Brugsch s'étaient déjà quelque peu modifiées.

Nous avons constaté dans les différentes grammaires dont nous avons résumé les résultats, que toutes trois n'étaient autre chose qu'une analyse des formes de la langue, qu'en dépit des efforts de Brugsch pour présenter une œuvre systématique ayant un cadre indo-européen, ou sémitique, il n'y était pas arrivé, et qu'en particulier la nomenclature grammaticale de ces langues ne pouvait nullement s'appliquer à l'égyptien qui n'a pas de formes spéciales distinguant les différentes catégories de mots.

Le premier à définir clairement le caractère spécial de la langue égyptienne, c'est l'égyptologue anglais Le Page Renouf. Et d'abord, pour ce qui est de l'écriture, il nous dit que (1) «les Egyptiens ne distinguaient pas voyelles et consonnes dans la représentation des sons. Les signes phonétiques des Egyptiens constituent, non un alphabet, mais un syllabaire. Ils représentent, non pas des voyelles et des consonnes comme telles, mais tous les sons nécessaires ou appropriés au but de l'écrivain. Un seul signe ⌸ est suffisant pour exprimer la syllabe *men*. Il ne peut pas être question, plus qu'en chinois, de voyelle ou consonne. C'est le son de la syllabe (composée de trois éléments suivant nos notions) qui est écrit par un seul caractère. Comme en chinois, si le son représenté par la syllabe est aussi simple que *a, i, u,* un signe représentant cette syllabe existe certainement. On ne

(1) Life-work, vol. II, p. 155.

connaît aucun syllabaire où se trouverait une pareille lacune, à laquelle on ne saurait assigner aucune raison plausible.»

C'est donc, comme nous le soutenions nous-même, la représentation des sons que cherche l'écriture. Il n'y a pas à proprement parler de distinction entre voyelles et consonnes, il n'y a qu'un son qui est une syllabe, celle-ci pouvant se composer uniquement de ce que nous appelons une simple voyelle, *a, i, u.* Quant à la langue elle-même, RENOUF nous dit que c'est l'un des stages les plus simples et les plus élémentaires du langage. Tandis que dans les degrés les plus élevés, comme par exemple dans les langues sémitiques ou indo-européennes, les mots sont soumis à des changements internes et externes d'une ampleur telle que la forme originelle du mot peut difficilement être distinguée, il n'y a rien de pareil en égyptien, le mot lui-même est invariable et ne subit aucun changement. Il n'existe ni conjugaisons ni déclinaisons. Le mot est susceptible de recevoir des suffixes avec lesquels il a si peu de cohésion, qu'ils peuvent être séparés par un mot entier de celui auquel ils se rattachent. Ces suffixes sont presque tous des pronoms et sont les mêmes pour les noms où ils jouent le rôle du pronom possessif, et pour les verbes où ils sont des pronoms personnels.

C'est sur ce principe qu'est fondée la grammaire de RENOUF qui a atteint sa troisième édition en 1893, et qui a pour but, non pas la classification des formes dans un cadre donné, mais avant tout l'interprétation, la recherche du sens, ce qui encore à présent nous paraît être l'objet principal auquel doivent tendre les études de la langue égyptienne.

Dans toute langue, l'élément essentiel, c'est le verbe, et voici ce qu'en dit RENOUF : (1)

«Le verbe égyptien exprime l'être ou l'action sans aucune relation quelconque. Il n'a ni temps ni mode, ni voix, ni conjugaisons. Même les terminaisons personnelles indispensables aux verbes indo-européens ou sémitiques lui sont étrangères.

(1) Gramm. p. 47.

Les suffixes pronominaux rattachés au verbe paraissent être des terminaisons personnelles, mais ils en diffèrent sur des points essentiels. Par exemple, l'emploi n'en est pas nécessaire, un verbe peut en être dépourvu, sans parler de ce que nous mentionnions plus haut, que le suffixe, étant un pronom, peut être séparé du mot auquel il se rattache.» Et nous pourrions y ajouter ceci : que ces pronoms peuvent être rattachés à des mots que nous appelons conjonctions ou adverbes, et que nous qualifions toujours d'invariables. «Les sens doit toujours ressortir du contexte et de la syntaxe de la phrase.»

«L'une des principales différences entre la langue égyptienne d'un côté et les langues indo-européennes et sémitiques de l'autre, c'est que la distinction entre racine, thème et mot peut à peine être reconnue comme dans les autres groupes. La racine pure, qui dans d'autres familles de langues est pour ainsi dire sous la surface et ne se révèle à la recherche que par ses développements est presque invariablement identique en égyptien au mot en usage. Le vrai mot égyptien pris en lui-même n'est pas une partie du langage, mais dans les limites de la notion qu'il représente il peut être nom, verbe, adjectif, adverbe etc.» Et Renouf en cite des exemples, pour lesquels on n'a du reste que l'embarras du choix. La notion exprimée par un mot égyptien est déterminée comme étant celle d'un verbe dans le sens strict du mot, par la présence d'un sujet. Quand aucun sujet, ni nom, ni pronom, n'est exprimé, nous avons ce qu'on peut appeler verbe indéfini, mais qui suivant la grammaire n'est qu'un nom ou un adjectif.»

Ainsi Renouf affirme de la manière la plus formelle la conclusion à laquelle ses prédécesseurs étaient arrivés sans qu'ils se fussent prononcés d'une manière aussi positive : en égyptien, les différentes catégories de mots ne diffèrent pas par la forme, le nom n'est distingué du verbe que par la notion que ces deux mots représentent, et rien dans l'extérieur ne les sépare.

Dans un de ses anciens travaux, Renouf faisait un grief à Birch, à Chabas et même à E. de Rougé de ce qu'ils avaient dit non seulement qu'on ne pouvait pas encore formuler d'une manière définitive les règles de la syntaxe, mais de ce qu'ils avaient été jusqu'à soutenir que ces règles n'existaient pas. Mieux vaut, ajou= tait=il, avoir de mauvaises règles que de n'en point avoir. Vingt ans après, son point de vue avait totalement changé, car, dans sa grammaire, il n'y a aucune place pour la syntaxe. Le livre, pour employer son expression, n'est qu'un inventaire des formes par lesquelles les Egyptiens rendaient leurs idées, mais il n'y a nulle part de règle. La syntaxe, qu'il trouvait trop courte chez Birch, est totalement absente chez lui, et l'on peut dire que le principe sur lequel il se fonde est le même que celui d'E. de Rougé, c'est l'analyse, c'est la recherche de l'idée que traduit telle forme ou tel genre de mot, mais ce n'est nullement la fixation de la loi qui im= pose une certaine forme ou un certain mot pour rendre cette idée. (1)

Pendant les dernières années de sa vie, Renouf avait vu surgir la grammaire allemande et tout le système de Berlin. Il est à peine nécessaire de dire qu'il y était violemment opposé. Déjà sur la question de la présence des voyelles dans l'alphabet, il nous dit : «Ce n'est pas une vérité, c'est une erreur de l'igno= rance que j'ai partagée moi=même il y a trente ans, avant de bien comprendre les faits, que d'affirmer que les sons=voyelles *a, i, u,* pour ne pas en mentionner d'autres, n'ont pas de représentants parmi les signes hiéroglyphiques». (2) Aussi, lorsqu'il parle de la transcription de l'école de Berlin, il s'exprime dans des termes d'une sévérité qui nous paraît exagérée, (3) quoique nous soyons loin d'adopter nous=même cette transcription.

Il est certain qu'il aurait voulu avoir le temps d'exposer en détail un système grammatical en opposition à celui de Berlin

(1) S'est sur ce principe, qui est aussi le nôtre, qu'est fondée la courte grammaire du Dr Budge «Egyptian language» laquelle énumère et décrit les formes et en démontre le sens par de nombreux exemples.

(2) Grammaire, 3. éd. p. IX.

(3) Parlant de son article «Egyptian phonology» qui date de 1889, il ajoute : It will at once explain how impossible it is for any one who has got beyond amateur notions of phonetic science, to acquiesce in the novel system of transcription adopted at Berlin (Gramm. p. X).

qu'il appelle « erroné et destiné à n'avoir qu'un succès tempo‑
raire ». Il reconnaît cependant que ces vues qu'il réprouve ont
un caractère purement spéculatif et ne portent pas sur l'inter‑
prétation proprement dite. L'essentiel, en effet, est de reconnaître
le sens exact d'un mot ou d'une phrase, peu importe le nom
que vous donnez à ce mot, appelez‑le nom, adjectif, ou pseudo‑
participe si vous voulez, le sens véritable n'en sera pas modifié.
La mort a empêché Renouf d'accomplir la tâche qu'il s'était pro‑
posée, réfuter des théories qu'il considérait comme étrangères à
l'égyptien et ne reposant pas sur les faits.

On voit que les divers grammairiens qui avaient succédé à
Champollion étaient arrivés, en somme, à une conclusion identique,
quoique formulée dans des termes différents. En égyptien il n'y
a pas de catégories de mots séparés par la forme, rien ne dis‑
tingue le verbe du nom, il n'y a ni conjugaisons ni déclinaisons,
lesquelles sont indiquées par des particules.

C'est à une conclusion tout analogue qu'arrive la grammaire
la plus récente publiée en langue française, celle de M. Loret.
Quoiqu'il intitule la seconde partie : phonétique et syntaxe,
M. Loret montre d'abord la mobilité de l'orthographe : un mot
peut revêtir de nombreuses· formes au hasard des caprices des
scribes, et dans le même texte il peut arriver que chaque fois
qu'il est répété il est écrit d'une manière différente. Puis, passant
à la syntaxe des mots, M. Loret expose avec beaucoup de finesse
l'emploi de l'article, du nom, de l'adjectif, des auxiliaires, des
particules, mais, sauf dans un ou deux cas, il n'en ressort pas
une règle fixe dont le langage ne s'écarte pas. Dans le verbe,
M. Loret reconnaît trois temps simples, mais il ajoute que les
locutions temporelles sont fort nombreuses et qu'elles n'avaient
évidemment dans l'esprit des Egyptiens d'autre but que de
suppléer à l'insuffisance des temps simples. On pourrait objecter
à M. Loret que ces temps simples n'en sont pas, les deux pre‑
miers sont formés par des particules pronominales qui pourraient
tout aussi bien être rattachées à un nom, et qui ne sont donc
pas spéciales au verbe. Quant au troisième, c'est une forme qui

ne se rencontre qu'à la première personne, et qu'il est difficile d'appeler un temps.

Quand il en revient à la syntaxe des propositions, M. Loret est aussi positif que Renouf; (1) «J'ai dû constater, après un mûr examen, que cette syntaxe en égyptien ne suit aucune règle, ou plutôt qu'elle suit une telle quantité de règles contradictoires que ce ne sont plus que des exceptions.....

«Les Egyptiens n'éprouvaient pas comme nous le besoin de coordonner leurs pensées d'après les lois fixes, et de les faire entrer de force dans les moules préparés à l'avance. Ne cherchons pas à trouver dans leur langue une chose qui n'y était proba=blement pas». Nous ne pouvons que nous ranger absolument à cette conclusion de M. Loret. Toutes les grammaires et études linguistiques se rapportant à l'égyptien que nous avons consi=dérées jusqu'à présent, en dépit de différences de détail, sont cependant unanimes sur un point capital. Elles ne cherchent pas à faire entrer la langue égyptienne dans les cadres bien définis d'un des groupes de langues telles que les langues sémitiques ou indo=européennes. Elles recueillent les faits sans tenter une classification qui ne paraît nullement ressortir de leur nature. Etudier l'égyptien en lui=même et par lui=même, faire l'analyse de cette langue où il n'y a pas d'orthographe; où la classifica=tion des mots est encore rudimentaire et où les formes qui existent n'ont pas cette rigueur qui oblige à les employer exclu=sivement, voilà encore aujourd'hui, comme nous le disions il y a des années, (2) le but que nous devons nous proposer. Et en cela nous sommes en parfait accord avec Maspero, qui introdui=sait ainsi son dernier travail :

«Ne vaut=il pas mieux ne pas nous encombrer de théories préconçues ou de paradigmes préétablis, ne pas nous inspirer des modèles purement classiques indo=européens ou sémitiques, mais créer une grammaire qui ressorte entièrement d'une analyse des textes entreprise avec l'aide de tous les moyens que la

(1) Grammaire, p. 110.
(2) Recueil vol. XXXVII p. 50.

philologie peut nous prêter, à quelque ordre de langue qu'elle appartienne. »

Si Maspero nous dit que nous n'en savons pas encore assez pour créer une véritable grammaire, cela ne vient pas de ce que nos connaissances sont insuffisantes, mais de ce que nous n'avons pas encore trouvé le plan sur lequel cette grammaire doit être établie, et même de ce que nous ne nous sommes pas encore entendus sur les noms à donner aux différentes formes.

A mon sens, une grammaire égyptienne devrait être classée, non pas par les formes, mais par les idées. Il va sans dire que pour cela il faudrait rejeter une nomenclature et un cadre grammatical empruntés à un autre groupe de langues. Il y aurait lieu à trouver de nouveaux termes. Quel nom, par exemple donner au mot invariable dans la forme, quel que soit son emploi? Qu'on prenne le mot ⸗ il pourra être un nom et signifier *la vie*, l'adjectif *vivant*, le verbe *vivre*, à toutes les personnes du présent, du passé ou du futur. ⸗ peut signifier *les dieux vivent*, et suivant le contexte *les dieux vivaient* ou bien *les dieux vivront*. Maintenant, que pour chaque cas on le qualifie d'un nom spécial, qu'on l'étiquette comme participe ou pseudo⸗participe, comme adjectif, que sais⸗je? Qu'on le range sous le numéro d'un paragraphe dans une grammaire, il n'en est pas moins un mot invariable dont le sens vrai ne ressort que du contexte, de ce qui le précède ou le suit.

C'est pourquoi il me semble que c'est aux idées qu'il faudrait en premier lieu s'attacher, c'est elles qui devraient être le point de départ. Comment, se demanderait⸗on, les Egyptiens rendaient⸗ils le futur? A cette question, il y aurait une réponse multiple : particules, auxiliaires, périphrases servent à cet emploi. L'égyptien ne connaît pas la forme spéciale d'un temps de verbe, et il est d'autant plus intéressant de reconnaître comment, avec ces moyens qui n'ont rien de rigoureux, on réussit à rendre les nuances. Ainsi l'antériorité est souvent rendue par une négation. Pour le passé, il en est de même. Passé défini, indéfini, plus que parfait, aucun de ces temps de verbes n'a de forme propre puisque le verbe lui-même comme tel n'en avait pas. Cela ne veut pas dire que ces idées n'aient pas existé ; comment la langue égyptienne réussissait-elle à les exprimer ?

Et les rapports qui presque toujours sont marqués dans nos langues par des conjonctions ? Ces mots sont en fort petit nombre en égyptien, ils sont souvent remplacés par une périphrase, souvent aussi l'ordre purement paratactique des phrases les supprime. Evidemment le développement de la langue n'est pas encore aussi avancé que pour les langues sémitiques ou indo-européennes, la langue écrite est encore un instrument imparfait, qui se séparera petit à petit, de la langue parlée, qui revêtira un caractère plus ou moins conventionnel, mais qui cependant au début était destinée à reproduire ce qui se disait et ce qui s'entendait. Plaçons-nous donc, pour la décrire, au degré d'évolution auquel elle est parvenue, et ne la soumettons pas à des lois auxquelles il ne nous est pas permis à nous modernes de nous soustraire, mais qui ne correspondent pas à ce que nous appellerions son niveau, le point de croissance auquel elle est arrivée.

En posant ce principe, nous rompons en visière avec le système grammatical qui est né à Berlin et qui est propagé au-delà du Rhin avec cette assurance qui caractérise la plupart des travaux de la science allemande moderne. C'est surtout en France et en Angleterre que l'école de Berlin a trouvé des disciples. En dépit de ce qu'ils n'admettent guère la discussion sur un système qu'ils considèrent comme établi, je ne puis faire autrement que d'exposer à mes savants confrères d'Outre-Rhin pourquoi il m'est impossible de les suivre dans la voie où ils se sont engagés.

Cette divergence, quelque grande qu'elle soit, a cependant moins d'importance, parce qu'elle porte avant tout sur des questions de forme beaucoup plus que sur l'interprétation. Les uns et les autres, nous sommes d'accord sur le sens d'un mot, quoique les uns appellent voyelles les lettres qui le composent, tandis que les autres y voient des consonnes. Néanmoins il est des cas où la règle posée dans la grammaire peut induire le traducteur en erreur, et en outre le système fait envisager la langue dans son ensemble sous un jour qui n'est pas le vrai.

En 1893 paraît la grammaire d'ERMAN, qui est la base du système, et qui arrivera en 1911 à sa troisième édition fortement augmentée. Elle avait été précédée par l'adoption de la transcription établie pour la première fois dans le journal égyptologique allemand en 1889, en opposition à celle de LEPSIUS, sur laquelle en 1874 les égyptologues présents au congrès des orientalistes de Londres s'étaient mis d'accord.

A la suite d'ERMAN, plusieurs des disciples de l'école allemande se sont adonnés avec enthousiasme aux travaux de grammaire ; STEINDORFF, SCHACK, et surtout SETHE, qui a fait en trois volumes in 4° un volumineux traité du verbe égyptien.

Loin de nous la pensée de diminuer le mérite de ces deux travaux. Sans parler d'une connaissance étendue de la littérature égyptienne, remarquable surtout dans le livre de SETHE, on trouve chez ERMAN souvent une grande finesse dans ses points de vue, une sûreté remarquable dans ses interprétations. Chez SETHE, c'est une documentation énorme, qui suppose une somme de travail qu'on ne peut qu'admirer. On regrette d'autant plus qu'une œuvre aussi considérable, et qui est le produit d'autant de science, soit fondée sur un principe inadmissible pour tous les égyptologues qui ne se rattachent pas à l'école.

Dans sa première édition, ERMAN nous disait : « La langue égyptienne est parente des langues sémitiques (hébreu, arabe, araméen etc.), des langues de l'Afrique orientale (Bischari, Galla, Somali etc.), et des langues berbères du nord de l'Afrique. » Il ne s'étendait pas davantage sur cette parenté avec les langues sémitiques. Néanmoins, tout au début, faisant le catalogue des signes, alphabétiques, il s'exprime ainsi : « Il est certain que le copte et la manière dont les mots sémitiques sont transcrits en égyptien ou l'inverse, nous montre que tous les signes représentent des consonnes. Par exception, quelques-unes de ces consonnes peuvent être employées comme voyelles finales. » La troisième édition remplace cette dernière phrase par celle=ci : « de même que dans les langues sémitiques, les voyelles ne sont pas indiquées. » S'agit=il des verbes ? On nous dit qu'ils diffèrent par le nombre et la nature des consonnes radicales, et que ces classes portent les noms habituels dans la grammaire sémitique.

Quelques années après, M. SETHE publiait son grand ouvrage sur le verbe. Pour l'auteur il n'y a pas de doute, l'égyptien est une langue sémitique, et cela paraît surtout dans deux caractères principaux, l'alphabet composé uniquement de consonnes, et les verbes à trois consonnes radicales, verbes dont le nombre est le plus considérable.

Quand parut ce travail, ERMAN prit aussitôt la plume pour en saluer la publication, dans un mémoire présenté à l'Académie de Berlin en 1900, sur la flexion du verbe égyptien, mémoire qui commence par ces mots : « Avec l'apparition de l'ouvrage de SETHE sur le verbe égyptien, les recherches sur la langue égyp= tienne sont arrivées sur un terrain solide.» « Lorsqu'on pense que maintenant nous connaissons la structure et l'histoire de cette langue, on peut de ce sommet jeter un regard satisfait sur le chemin parcouru pendant les vingt dernières années.»

Puis, avoir fait un exposé de la reconstruction du verbe telle que la présente SETHE, ERMAN examine les rapports qu'il y a entre l'égyptien et les langues sémitiques. Si précédemment on avait pu constater des points de contact entre l'ancien égyptien et les langues sémitiques, après le travail de SETHE cette constatation acquiert une nouvelle force, en tout premier lieu parce qu'il a reconnu que l'égyptien a autrefois été soumis à la loi singulière des thèmes à trois consonnes. Là où l'on peut constater des différences sérieuses entre les deux groupes de langues, il appa= raît maintenant qu'en égyptien ce sont de nouvelles formations qui ont pris la place des anciennes. Et même, quand, à première vue, le vocabulaire égyptien diffère profondément de celui des Sémites, de jour en jour il est prouvé plus clairement que ces différences ne sont qu'apparentes (scheinbar). Les consonnes ori= ginelles sont décomposées à un tel point qu'il n'est pas facile de retrouver la ressemblance avec les mots sémitiques ? Et, pour citer les mots même d'ERMAN : «Je ne crois donc *pas être coupable d'exagération* quand je déclare positivement que l'égyptien primitif (das Urägyptische) est une langue sémitique qui, en raison de circonstances spéciales, s'est décomposée à un degré si extraordinairement fort que déjà il y a cinq mille ans elle avait perdu des formes de la conjugaison que les autres langues africaines apparentées ont conservées jusqu'à ce jour.» (1) On ne peut parler en termes plus positifs : l'égyptien est une langue sémitique, et ce qui pourrait en faire douter n'est qu'une apparence à laquelle il ne faut pas se laisser tromper. Il semble cependant qu'ERMAN craigne d'avoir été trop loin, et qu'il éprouve le besoin de revenir en arrière et de retirer les mots mêmes qu'il a employés ; car dans la troisième édition de sa grammaire, après avoir cité les rapports de parenté qu'il y a entre l'égyptien et les langues sémitiques, parmi lesquels il cite les thèmes à trois consonnes, il ajoute ceci : qu'on se garde cependant de *l'exagération* qu'il y a à considérer la langue égyptienne simplement comme un membre de la famille sémitique, et à la reconstruire dans un sens unilatéral. «On doit bien plutôt supposer que l'égyptien était tout aussi rapproché des langues berbères et de celles de l'est de l'Afrique,» desquelles, il est vrai, nous ne connaissons pas la forme aussi ancienne.

Il n'en est pas moins vrai que l'opinion qui prévaut maintenant chez un grand nombre de savants; surtout chez tous ceux qui directement ou indirectement se rattachent à l'école de Berlin, c'est que la plus grande découverte de la philologie égyptienne moderne consiste à classer définiment la langue égyptienne dans les langues sémitiques. Ce triomphe est dû à ERMAN et à SETHE. C'est un anthropologue qui parle ainsi (2) et cela confirme pour lui le caractère tout à fait non-africain des anciens Egyptiens. ERMAN n'a pas été jusque là, il considère l'égyptien comme une

(1) Die Flexion des ägyptischen Verbums, p. 34.
(2) Von LUSCHAN, Zur anthropologischen Stellung der alten Ägypter. Globus 1901.

langue sémitique importée d'Arabie et imposée par des conqué*
rants à une population aborigène qui n'eut pas la force de leur
résister, mais qui cependant ne tarda pas à dénaturer et à décom*
poser complètement la langue du vainqueur.

C'est donc la théorie de la décomposition, cette évolution à
rebours, dont parlait SETHE, qui est à la base aussi de la gram*
maire d'ERMAN. Cette décomposition aurait porté sur une langue
sémitique idéale qui venait de l'extérieur.

Ici se pose une question où les opinions des deux auteurs ne
paraissent pas pouvoir se concilier. Qu'en est*il de l'écriture ?
Elle est figurative, par conséquent elle ne peut être née que dans
le pays même, elle ne peut pas être venue de l'extérieur. Elle a
conservé encore certains caractères de l'enfance, elle ne s'est jamais
complètement séparée du dessin, et même du dessin encore im*
parfait. Or tandis que les langues sémitiques, celles du moins
auxquelles on compare l'égyptien et qui sont de date récente,
sont arrivées à des écritures de caractère alphabétique véritable,
où l'élément figuratif n'existe plus, et où chaque signe n'a que
sa valeur alphabétique conventionnelle et n'a pas de sens par
lui*même, l'égyptien a suivi une voie tout inverse. Il a fallu,
pour passer de l'écriture purement figurative, du dessin à l'écri*
ture alphabétique même rudimentaire, la décomposition de la
langue. SETHE nous l'a enseigné (1) la langue égyptienne, telle
que nous la connaissons, ne consiste qu'en débris (Trümmer)
de formes beaucoup plus complètes. C'est la décomposition qui
a fait de mots à trois consonnes des syllabes à deux, puis des
mots à une seule consonne qui sont devenus l'alphabet. C'est
de ces chutes successives de deux des trois consonnes qui com*
posaient un mot, qu'est né l'alphabet que la langue originelle
n'avait pas, et ne pouvait avoir. Il fallait, pour que l'alphabet
apparût, des siècles de dégénérescence.

Ainsi, d'un côté ; les autres langues sémitiques, parties aussi
d'Arabie suivant ERMAN, arrivent à des alphabets purs, d'un

____

(1) Voir ci*dessus p. 2.

caractère très avancé, et dont l'un même est la tige de celui qui est devenu le nôtre, de l'autre, la langue qui s'est établie en Egypte ne peut être écrite qu'à condition d'être assez dénaturée pour devenir méconnaissable; plus la décomposition sera avancée, plus l'écriture marchera dans la voie du progrès réel, qui est de devenir alpha= bétique. On conviendra que cette théorie est étrange. Il semble= rait donc que la vengeance des aborigènes subjugués par les Sémites a été de fournir aux conquérants une écriture encore primitive, mais dont la naissance et le développement étaient subordonnés à une condition : la langue qui leur avait été im= posée devait être changée au point qu'il n'en subsistât que des restes difficiles à reconnaître. Plus la décomposition sera profonde, et plus elle fera tomber les formes anciennes, plus le progrès de l'écriture s'accentuera. Telle est pour la grammaire comme pour l'écriture, la théorie de la dégénérescence sur laquelle est fondé le système de l'école de Berlin.

L'égyptien est donc une langue sémitique. C'est là ce que nous enseignent les grammaires d'ERMAN et de SETHE Or, si nous considérons l'œuvre dans son ensemble, tout en admirant la somme énorme de travail qu'elle a réclamée et la sagacité qui souvent s'y fait jour, nous sommes frappé de ce que cette créa= tion, habilement conçue et de fort belle apparence, a un carac= tère tout à fait artificiel. Ce n'est pas proprement une grammaire égyptienne, c'est une grammaire sémitique taillée dans les formes égyptiennes. Je ne songe pas un instant à nier toute la science que contiennent ces volumes, mais mes savants confrères de Berlin me permettront de répéter ici ce que j'ai dit ailleurs : leur œuvre est le produit d'un laboratoire philologique. C'est une langue égyptienne composée par des procédés sémitiques. Cela est surtout visible dans le livre de SETHE. Il part de l'idée que l'égyptien est une langue sémitique, par conséquent on doit (muss) forcément y trouver certaines formes qui caracteri= sent ces langues. Et si ces formes ne sont pas ce qu'on atten= dait, cette divergence n'est qu'apparente (scheinbar), elles l'ont certainement été autrefois.

Ainsi, la constatation que l'égyptien est une langue sémitique, n'est pas le résultat auquel conduit l'étude de la langue, c'est le point de départ, c'est la base sur laquelle il faudra recons‑ truire l'ancien égyptien. Et ici nous avons un exemple de la méthode que nous retrouvons dans un très grand nombre de tra‑ vaux d'Outre‑Rhin, en particulier en histoire. Un fait se présente, qui peut donner lieu à une interprétation conduisant à une idée générale. Aussitôt cette interprétation, cette idée générale, est considérée comme le fait établi qu'il n'y a pas lieu de discuter, et alors les rôles sont renversés, ce n'est plus elle qu'il y a lieu de modifier conformément aux faits, ce sont les faits qui devront être adaptés à l'idée préconçue. Les textes devront être émondés, expurgés en sorte qu'ils cadrent absolument avec elle.

Qu'est‑ce qui a conduit les grammairiens allemands à faire de l'égyptien une langue sémitique ? Sans doute la nature des signes alphabétiques qui pour eux ne sont que des consonnes. Mais on est étonné du raisonnement qu'ils emploient pour étayer cette affirmation. Je prends par exemple la voyelle [hiéroglyphe] un oiseau qu'on appelle faussement l'aigle, et qui est le vautour d'Egypte. L'origine de ce signe figuratif n'a pas encore été reconnue, je croirais que d'après le principe de l'acrophonie c'est la première lettre du mot [hiéroglyphe] qui veut dire *un oiseau*. Nous la transcrivons en général par *a*, mais cette transcription est loin de rendre la variété des sons auxquels répond ce signe, qui est souvent un *o* ou un ⲱ. Voici par exemple le mot [hiéroglyphe] qui veut dire *porter*, que nous transcrivons *atep*, mais qui se prononçait pro‑ bablement ⲱⲧⲡ comme en copte, l'[hiéroglyphe] étant un ⲱ comme dans le nom d'*Ἀπολλωνίδης* où *λων* est écrit [hiéroglyphe]. La conclusion naturelle, c'est que dans le mot [hiéroglyphe] l'[hiéroglyphe] est la voyelle initiale qui en copte est un ⲱ. Voyons maintenant comment la grammaire allemande fait de cette lettre une consonne qu'elle transcrit ꜣ. Erman nous dit qu'il est certain d'après le copte que tous les signes ne sont que des consonnes, et il renvoie à la grammaire copte de Steindorff. A propos d'𓄿 il nous dit qu'en général cette lettre n'apparaît pas dans l'écriture copte, mais que quelquefois elle est traitée comme une consonne véri‑table, ainsi dans ⲱⲧⲡ qui est un mot à trois consonnes. Si maintenant nous consultons Steindorff auquel on nous renvoie, nous trouvons qu'en copte il y a des demi‑consonnnes telles que ⲉⲓⲱ, ⲁⲓ, ⲓⲟ. Pourquoi, puisqu'elles ne sont composées que de sons vocaliques, ne les appelle‑t‑on pas des diphthongues ? parce qu'elles tiennent la place d'𓄿 qui en égyptien est une consonne. On conviendra que cette façon de raisonner ne laisse pas que d'étonner. 𓄿, nous dit Erman, est une consonne parce que le copte nous le prouve. Les lettres qui en copte corres‑pondent à 𓄿 sont des demi‑consonnes, nous dit Steindorff, parce qu'en ancien égyptien l'𓄿 est une consonne. Quant au mot ⲱⲧⲡ, la consonne 𓄿 a complétement disparu. C'est aussi l'opinion de Sethe qui nous enseigne que partout où elle n'a pas été remplacée par une autre consonne, elle a disparu, qu'elle soit consonne initiale ou consonne médiane. Ainsi dans les mots 𓄿 ⲱⲥϩ *moissonner*, 𓄿 ⲱⲃⲧ *une oie*, 𓄿 ⲟⲩⲱϩ *placer* 𓄿 ϩⲱⲡ *cacher* et même comme consonne finale.

Il est clair que de cette manière il n'est pas difficile de recon‑struire tous les mots en radicaux à trois consonnes, il suffit d'appeler consonnes ce qui ne sonne pas autrement que voyelle, ou d'en supposer la suppression. Voici par exemple le mot 𓄿 *fa, porter* qui est souvent écrit 𓄿 *faï*, avec une seconde voyelle. Ces deux orthographes correspondent aux deux prononciations que nous rencontrons en copte, ϥⲓ et ϥⲁⲓ ϥⲉⲓ. En copte, la voyelle qui suit l'ϥ peut être l'ⲓ ou une diphthongue, mais pour Sethe même le mot 𓄿 a trois con‑sonnes, l'𓄿 initial pour lequel il n'y a pas de doute, puis l'𓄿 qui, on nous l'a enseigné, ne peut être qu'une consonne. Quant à la troisième, elle a été omise, ce ne peut être que 𓏭 comme nous l'a appris une variante. Cet 𓏭 est très souvent la finale *i* surtout dans les mots qui servent d'adjectif, par exemple lorsque ⟨hieroglyphs⟩ veut dire *un porteur*. Mais pour les grammai‹ riens de Berlin, ⟨hieroglyphs⟩ est *j,* et même c'est une double consonne, car c'est un redoublement de la consonnne ⟨hieroglyph⟩ *j*; il en résulte que dans bien des cas la lettre ⟨hieroglyphs⟩ doit être transcrite *jj* ou *jej.* Ainsi ⟨hieroglyphs⟩, que nous lisons *mesi* ou *mosi* doit se lire *mosjej* ou *msjj* (Erman.)

Erman nous dit qu'à la période la plus ancienne de la langue que nous puissions discerner, de même que dans les langues sémitiques, nous ne rencontrons presque que des verbes à trois consonnes; on peut prouver que les verbes à deux ou à quatre consonnes sont tous des formations récentes. On se demande ce qu'Erman entend par cette période la plus ancienne à laquelle nous puissions remonter. Il est évident que ce n'est pas une période que nous connaissions par les textes, nous n'y arrivons que par le raisonnement; c'est une période purement théorique, constituée d'après l'idée qui est à la base du système, l'égyptien est une langue sémitique, et refaite à grand peine. Erman nous dit que la formation du verbe qui paraît avoir été très riche, est pour nous la plus difficile à reconstruire, car le copte n'a rien conservé de ces formes que l'infinitif et un parti‹ cipe, ce qu'il appelle le pseudo‹participe.

On voit donc que cette reconstruction de la grammaire égyp‹ tienne, reconstruction qui, je ne songe pas à le nier, est le pro‹ duit d'une grande science, est quelque chose de purement arti‹ ficiel, c'est l'égyptien non pas tel qu'il est, c'est l'égyptien tel qu'il doit être. Cette base sémitique qu'il n'est pas permis de mettre en doute, et dont à grand peine on découvre quelques fragments épars, il n'en reste absolument rien en copte, ou, si l'on veut à toute force que le copte ait encore un pâle reflet sémitique, il faut alors jouer sur les mots et leur donner un sens qui ne se justifie que par les besoins de la cause, appeler les voyelles des consonnes ou des demi‹consonnes, ou dire que ϥⲓ, ϥⲁⲓ, qui cor‹ respond à ⟨hieroglyphs⟩ ou ⟨hieroglyphs⟩ est un mot à trois consonnes.

Ce que je ne peux appeler autrement que l'imposante recons‑
titution du verbe égyptien telle que nous la présente Sethe en
plus de 1500 paragraphes, est, nous ne saurions trop le répéter,
quelque chose d'absolument factice, d'artificiel. C'est le verbe
égyptien tel qu'il devrait être d'après les règles du verbe sémi‑
tique. C'est une langue égyptienne refaite d'après les principes
de l'école de Berlin, et sur l'idée préconçue que l'égyptien est
une langue sémitique. On pourrait presque à chaque page en
donner la preuve par les transcriptions qui sont souvent doubles;
elles reproduisent ce qu'est le mot et ce qu'il devrait être.

Il nous est dit, par exemple, que les verbes à deux radicaux
sont pour la plupart des verbes à trois radicaux qui en ont perdu
un, en général le *j* final ou l'*w*, c'est à dire ⸗ ou ⸗. On en
donne comme preuve la vocalisation de l'infinitif masculin en
copte : ⲓⲱⲥ, *se hâter*, qui a dû être à l'origine *josej*. A cela il
y a à faire remarquer que le mot ⲓⲱⲥ est appelé ici un infinitif,
mais qu'il peut tout aussi bien être la forme personnelle précédée
d'une préfixe, ou un nom précédé d'un article signifiant *hâte*,
célérité, ou encore un adjectif. On ne sait pas pourquoi le mot
est décoré du nom d'infinitif masculin, puisque rien dans la forme .
n'indique que ce soit un infinitif ni qu'il soit du genre masculin.
Le contexte seul peut en faire un infinitif, et très probablement
pourrait aussi bien rendre le mot par un nom. Est‑ce seulement
quand il s'appelle un infinitif que le mot doit être complété de
cette manière, ou aussi quand c'est un nom, un adjectif ou le
verbe personnel? autant de formes qu'il peut revêtir tout en restant
invariable. D'ailleurs, en copte, ce n'est pas une, mais deux radi‑
cales qu'a perdues le mot, car dans ⲓⲱⲥ ⲓ n'est pas la consonne
initiale qui devrait être *j* et qui a disparu aussi bien au commen‑
cement qu'à la fin. Dans le mot copte il ne reste qu'une radicale ⲥ.
Voici maintenant le verbe *laver* ⸗. Nous ne savons y voir
que deux voyelles, ⸗ et ⸗. En copte, nous n'y trouvons pas
autre chose, la première ⸗ est devenue ⲉⲓ qui dans la pronon‑
ciation devenait un ⲓ, et qui alterne souvent avec ⲓ dans l'écriture.

La seconde ـــــ est une voyelle longue ⲁ, ⲁⲁ, ⲱ. Il n'y a donc point de consonnes du tout dans le mot copte pour *laver* ⲉⲓⲁ ⲓⲁ ⲉⲓⲁⲁ ⲉⲓⲱ ⲓⲱ. Néanmoins c'est un verbe à trois radicales, de ceux qui sont caractérisés par *tertiae infirmae*, et la forme normale du mot c'est *iʿj*, la seconde consonne étant un *y*.

Il y a néanmoins dans les textes de l'Ancien Empire et dans ceux des pyramides, des verbes simples à deux radicales, tels que ⳓ *compter* ⳓ *brûler* ⳓ *ouvrir*. Cependant ils sont tous à l'origine à trois radicales. On reconnaît leur origine tri‑litérale à quatre caractères, dont nous avouons ne pas comprendre très‑bien le quatrième, que nous essayons de traduire littéralement sans y rien changer: 1)

«absence régulière d'une troisième radicale dans des formes où des verbes paraissant souvent à 2 consonnes, verbes de la 2ᵉ redoublée ou de la 3ᵉ faible, dans la règle apparaissent à l'habitude à 3 consonnes (par redoublement ou par la présence de *j* ou *w*)». On nous a dit et on nous dira encore que *j* et *w* doivent être considérées comme des consonnes, par conséquent ces terminaisons font des verbes à 3 consonnes radicales; et si le redoublement de la seconde constitue la troisième, quelle est donc cette troisième qui manque?

Si un verbe à deux radicales ne présente pas ces quatre carac‑tères, c'est qu'il est un reste du passé, dans lequel il avait trois radicales. C'est ce qui explique que parmi ces verbes il y en a qui paraissent avoir un infinitif féminin en ⸰, qui ne doit se trouver que dans les verbes à trois radicales.

Mais ce n'est là qu'une apparence (scheinbar); en réalité (in Wahrheit) ce ⸰ est la troisième radicale qu'ils n'ont pas perdue. Il en est de même de la lettre ⳓ qu'on trouve souvent avec ⳓ.

Voici le mot ⳓ qui d'après Sᴇᴛʜᴇ satisfait aux quatre con‑ditions caractéristiques, qu'on peut donc appeler un verbe simple à deux radicales. Or dans le Livre des Morts, d'après certains

(1) (I. § 365) regelmäßiges *Fehlen eines 3. Radicales* in Formen, wo die ja sonst oft zweilautig erscheinenden Verba II gem. und III inf. in der Regel dreilautig zu erscheinen pflegen (mit Gemination oder mit *j* nach *w*).

papyrus, dans le même chapitre et dans la même expression, on lit 〔⟜〕 et 〔⟜〕. D'autres papyrus ont dans les deux cas le mot avec un seul 〰. De même la forme qu'on peut appeler participe, adjectif ou nom, «ceux qui ouvrent» peut être écrite indifféremment 〔⟜〕 ou 〔⟜〕; c'est là ce que Sethe nomme irrégularités qui font que le mot 〔⟜〕 doit être rangé parmi ceux qui ne sont *qu'en partie* (teilweise) à deux radicales et qui ont dû en avoir trois à l'origine.

Encore, pour en faire un mot à deux consonnes, faut-il renon‑ cer à faire de 〔⟜〕 le caractère syllabique *wn* (ERMAN), et en faire une simple lettre alphabétique *w* qu'on appelle consonne; autre‑ ment le mot 〔⟜〕 serait à trois radicales et même à quatre, si l'on prend l'orthographe des pyramides (372) 〔⟜〕 ou 〔⟜〕. Il y a un 〔 prosthétique qu'on ne nous permet pas d'appeler voyelle.

L'analyse des formes vraiment (wirklich) passives de ce verbe est un bon exemple de ce qu'il y a de factice dans la méthode de Sethe et dans les résultats qu'il nous présente. (II § 247) 〔⟜〕 *wn* ОΥШΝ devrait être 'u nō. La forme passive dans les textes des Pyramides 〔⟜〕 *iwn=tj* est pour 'ĕw=nō=tĕj; plus tard on trouve 〔⟜〕 *wn=tw* pour 'ĕw=nō=tĕw et plus tard encore 〔⟜〕 *wn=t(w)*, pour 'ĕw=nŏt car il n'y a pas à tenir compte du ℮ final qui n'a pas de signification (bedeutungslos). Nous avons ici la série de formes dégénérées dont se compose la langue égyptienne, et l'on ajoute même à cette dégénérescence, puisque dans la dernière forme on supprime le ℮ qui est écrit, mais qui ne devrait pas y être. Nous pensons que ces formes modèles qu'on nous présente sont celles de cette langue primitive parfaite, dont nous ne connaissons que les débris (Trümmer).

Pour nous, d'après les principes que nous avons posés à propos de l'écriture, nous n'hésitons pas à donner de ces formes l'ex‑ plication suivante : 〔⟜〕 ou 〔⟜〕 partout où il est suivi de la lettre 〰 ce qui est presque toujours le cas, n'est plus la syllabe *un*,

ce n'est que la voyelle *u*. Le copte ⲞⲨⲰⲚ ou ⲞⲨⲈⲚ nous in‑
dique qu'avant l'〰 il y avait une diphthongue. Cette diphthongue
est exprimée dans les textes des Pyramides ⸗, ou ⸗ . Lors‑
que ⸗ est seul, la voyelle s'est diphthonguée comme l'*u* dans
les mots allemands‑suisses *Buob* et *Bueb*.

Il y a dans les règles que Sethe croit pouvoir poser une grande
mesure d'arbitraire. Ainsi (II § 593) nous lisons : les formes mas‑
culines de l'infinitif n'ont jamais de terminaisons; le ⸗ *j* ou le
⸗ *w* qu'on rencontre à la fin de beaucoup de formes n'est pas
une terminaison, c'est la dernière radicale, ainsi ⸗ *h s j*
est un verbe à trois radicales, ⸗ *s w ꜣ w* à quatre.

Aussi est‑il surprenant de lire dans la suite du même para‑
graphe que le ⸗ qui se voit à la fin d'un grand nombre de
mots n'a aucune signification, et qu'il n'y a donc pas lieu d'en
tenir compte. Ainsi ⸗ qu'on trouve dans le papyrus
d'Orbiney à deux reprises, avec le sens parfaitement clair d'un
infinitif (V 6, VI 8) n'est cependant que *ḥ d b*, le ⸗ *w* de la fin
n'a pas de sens (bedeutungslos), de même ⸗ n'est
que *b k* et devrait être *b ꞌ k* (1). Tous les mots ne renfermant que
des consonnes, il s'agira de les vocaliser, d'intercaler les voyelles
nécessaires pour les prononcer, et alors on arrivera à une trans‑
cription extraordinaire : ⲈⲒⲀ *laver* devrait être *jōe* ⸗
où Sethe reconnaît le copte ⲈⲢⲎⲨ qui vient d'*ẹ̄jrẹ̄jew*, et ⸗
un nom qui cette fois‑ci serait le substantif copte ⲈⲦⲠⲰ *un
fardeau*, et qui devrait être *ꞌetpòjet*, car il devrait y avoir pour
le substantif une forme ⸗ que nous ne connaissons
pas, *le fardeau* s'écrit ⸗ comme le verbe, l'adjectif et le
pseudo‑participe.

(1) Ici les deux transcriptions de Sethe me paraissent erronées. ⸗ est un
signe syllabique dont la finale est ⸗ , et non ⸗ qu' impliquerait la trans‑
cription *bꞌk*. *bk* ne tient pas compte de la finale qui ne peut être qu'une
voyelle *a* ou quelque chose qui s'en rapproche. Je ne vois aucune raison de
laisser de côté ⸗ et je lirais *baku*.

A propos des infinitifs nous avons un exemple frappant de la manière d'adapter à la règle des textes qui cependant la contre‑disent. SETHE nous dit (II § 665) que dans la règle les infinitifs des verbes à deux radicales n'ont que la forme masculine : le thème sans terminaison. Il n'y a à cela que deux exceptions ⟨hiéroglyphes⟩ et ⟨hiéroglyphes⟩ qui ont un ⌒ féminin. Quant à ⟨hiéroglyphe⟩ c'est une faute.

Si maintenant nous consultons ce qui est dit du genre de l'in‑finitif nous y voyons que malgré la forme féminine, il arrive que l'article qui précède soit au masculin. On en cite cinq exemples sur lesquels quatre étant à deux radicales ne devraient pas avoir la forme féminine en ⌒.

⟨hiéroglyphes⟩ *le faire*; l'infinitif a décidément un ⌒ féminin, comme il ne devrait pas l'avoir, on n'en tiendra pas compte et l'on transcrira *p꜍ỉr* comme s'il y avait simplement ⟨hiéroglyphe⟩. Mais alors comme c'est la forme masculine de l'infinitif, article et verbe sont du même genre, et le désaccord entre l'article et le verbe n'existe plus. L'ancien égyptien écrivait déjà ⟨hiéroglyphe⟩ mais il faut trans‑crire *ir(j)t*, ajouter une consonne ce qui en fait un verbe à trois radicales. Ainsi pour que les règles soient justes, à propos d'⟨hiéroglyphe⟩ écrit identiquement de la même manière dans les deux cas, il faut une fois supprimer le ⌒ et l'autre ajouter un *j*.

Dans les cinq exemples de cette incohérence que cite SETHE, il transcrit les infinitifs sans le ⌒ qui dans quatre cas ne devait pas y être.

C'est dans le chapitre sur les verbes *tertiae infirmae* que nous trouvons un très grand nombre de ces reconstructions, de ces formes refaites qui ne se voient ni dans l'écriture ni en copte. On trouvera là (I § 396) le catalogue d'une centaine de verbes qui pour nous sont des thèmes monosyllabiques, la syllabe étant ouverte avec une voyelle initiale ou finale, ou composée de deux consonnes séparées par une voyelle. Mais tous ces verbes sont à trois consonnes, la dernière faible a disparu, ce doit être ⟨hiéroglyphe⟩ *j* ou ⟨hiéroglyphe⟩ *w*. Il est des cas où ⟨hiéroglyphe⟩ *j* a remplacé l'ancienne forme ⟨hiéroglyphe⟩ *w*, d'au‑

tres où ❘ *j* devient ❘❘ *jej*, tout cela est expliqué en grand dé=
tail. Les règles cependant sont sujettes à de nombreuses exceptions.
Une des caractéristiques des verbes à la 3ᵐᵉ faible, c'est qu'ils
ont un infinitif de forme féminine, c'est à dire se terminant en ⌒.
Or on nous a montré que le verbe ⌇⌇ devait avoir la forme
⌇⌇ et que l'⧵ final était la 3ᵐᵉ radicale. Or, de cette
manière, l'infinitif a une forme masculine, ce qui n'est pas con=
forme à la caractéristique énoncée.

Dans la liste se trouve le mot ⌣ que Sethe traduit
être grand, mais qui dans un très grand nombre de cas est l'ad=
jectif *grand*, Brugsch dit que le sens primitif de la racine est
croître, augmenter. On trouve aussi le mot écrit ⌣ et
Brugsch cite un grand nombre d'exemples tirés du démotique,
dans lesquels le mot est écrit par les deux signes ⌣, qu'il
lit *ai*, et qu'il retrouve dans le copte ⲀⲒⲀⲒ *croître*. Sethe rapproche
aussi le mot d'ⲀⲒⲀⲒ qui est produit par un redoublement de la
seconde consonne, mais ⌣ est l'origine du mot copte Ⲟ
grand (?), pluriel ⲞⲒ. Steindorff qui suit Sethe, vocalise déjà
dans un nom propre du Moyen Empire le mot ⌣ qu'il
transcrit ꜥꜣ, par Ⲟ. Un personnage s'appelle Sebek=Ⲟ le grand
Sebek. Ainsi au Moyen Empire le mot devait donc se lire Ⲟ
comme en copte, par une simple voyelle, quoique dans l'écriture
il ait deux et régulièrement trois consonnes. Et cette forme Ⲟ,
pluriel ⲞⲒ, vient de ꜥŏ̆*jjew* dérivé déjà de ꜥŏ̆ꜣ*jew*, deux mots à
quatre consonnes, et qui ne sont pas complets, car il semble
qu'il devait y avoir une voyelle entre *j* et *j*, et entre ꜣ et *j*. On
ne peut s'empêcher de demander à quelle langue appartiennent
ces deux mots. Ils ne sont écrits nulle part, et ils ont été encore
moins prononcés, à en juger par ce qu'il en reste. Si l'égyptien
était une langue sémitique venue d'Arabie, prononçait=on déjà
⌣ ⲀⲀ ⲀⲒ d'après notre lecture des signes qui sont des
voyelles, ou suivant Sethe Ⲟ qui n'en tient aucun compte, puisque
ce sont des consonnes ? Dans le dernier cas, quelle raison pouvait=

il y avoir d'écrire le mot comme nous le trouvons toujours, même en démotique, quand pas un seul de ces signes ne répond à la prononciation, que rien ne rappelle?

On pourrait faire la même question à propos d'un grand nombre de produits de la transcription de l'école allemande, transcription qu'il n'est pas possible d'appeler autrement qu'erronée, puisqu'elle n'admet pas de voyelles et ne voit que des consonnes dans tous les signes. Il suffit de voir ce que deviennent les noms propres. Voici le nom des Ethiopiens [signes] ou [signes] que nous transcrivons *Kaš* ou *Kuš*, et que nous lisons d'après la transcription *Kasch* ou *Kousch*. Ce dernier nom est celui que le pays a en hébreu et en assyrien. Mais cette transcription n'est pas la bonne, ce doit être ʾĕkꜣ ôšej (SETHE) que je ne sais comment prononcer. Le nom des Ἀχαιοι, des Achéens [signes] que nous lisons *Akai ou aša* devient *Ekwesh* (Breasted). Peut-on admettre que les Egyptiens rendaient ainsi un mot que les philologues des langues indo-européennes nous disent avoir été Ἀχαιϝῶς (Streitberg)? Une des populations de la péninsule sinaïtique se nomme [signes] que nous lisons *menthu*, et comme le δ est souvent rendu par [signe] ou [signe] il est possible qu'il faille lire *medu* (1). Mais non, nous n'avons là que le squelette du nom qui devrait être prononcé probablement *mentheyyew* (Gardiner). *Osiris*, c'est *Wesyīrew* qu'on tire de [signes]. S'agit-il de noms communs, [signe] ou [signe], *lait*, il devient *eyrōthet*, et [signes] *le sein*, ou *nour-rice*, *emnodg* (Gardiner).

Nous avons vu qu'il n'y avait pas proprement d'orthographe en égyptien, que le même mot pouvait être écrit de plusieurs manières différentes sans qu'aucune pût être considérée comme fautive, et aussi qu'il fallait tenir compte du fait que l'écriture était figurative et qu'elle ne s'était jamais complètement séparée du dessin. Aussi l'ordre des signes n'est-il pas rigoureux, et ne suit-il pas des règles inflexibles.

(1) *Medu* peut être rapproché de *Madian*, à l'origine מדי suivant GRIMME.

Il résulte de ce caractère de l'écriture égyptienne un nombre considérable de formes verbales qui ne sont que des variantes graphiques, mais que Sethe a cataloguées d'une manière complète en rangeant chacune sous une des formes de la conjugaison sémitique. Chacune a son nom et son étiquette, tirés presque toujours de la grammaire hébraïque, mais pour cela il faut leur faire subir les modifications nécessaires pour qu'elles concordent avec le sémitique. Nous l'avons vu à propos de l'infinitif mas⸗ culin qui ne doit pas avoir de terminaison, et où les signes ⸗ ou 𓅱 qui sont à la fin du mot doivent être considérés comme la troisième radicale, à moins que 𓅱 *w* ne soit inutile et n'ait pas de signification (bedeutungslos).

Comme les différentes formes verbales sont produites non point par un changement dans le mot lui⸗même, qui reste inva⸗ riable, mais par des suffixes, lesquelles sont en fort petit nombre, la même forme peut se retrouver sous plusieurs noms différents, et en outre ce qui nous est donné pour une forme verbale peut être tout autre chose. Les terminaisons 𓅱, 𓏭 et 𓏮 ont des em⸗ plois très divers formulés dans des règles qui sont loin d'être inflexibles, car dans bien des cas la terminaison n'est pas indiquée quoiqu'elle dût y être, et dans d'autres on la rencontre quoi⸗ qu'elle ne dût pas s'y trouver, aussi ne figure⸗t⸗elle même pas dans la transcription. Ainsi la forme 𓂋 porte au moins quatre noms différents et combien de fois ne voyons⸗nous pas que le 𓂋 manque et que le mot est réduit à 𓂀 ?

Nous ne saurions trop nous élever contre la classification des formes qui distingue celles qui ne sont qu'apparence (scheinbar) d'avec celles qui sont vraies (wahrhaftig) c'est à dire celles qui de⸗ vraient être. Pour nous il n'y a de formes vraies que celles que nous trouvons écrites. Nous ne pouvons admettre qu'il y ait une inter⸗ prétation ésotérique des formes, qui seule nous révèle le réel. Notre point de départ est à l'opposé de celui de Sethe. Nous ne pouvons pas, comme le savant professeur de Goettingue, nous ranger à l'idée de l'ancienne philologie, que la langue est une entité née on ne sait où ni comment, ayant ses lois fixes que laissent tomber en tout ou en partie ses descendants dégénérés que nous connaissons seuls. Cette sorte d'être moral, dont l'existence a précédé celle de l'égyptien, nous attendons qu'on nous en montre la réalité. Jusque là nous nous en tiendrons à ce que nous voyons écrit dans les textes qui nous restent de l'ancien égyptien; et nous estimons que le devoir du grammairien est avant tout de rechercher le sens des formes qu'il a sous les yeux et non de recomposer celles qui devraient être.

On le voit, le grand travail de Sethe, qui maintenant est la base des travaux de l'école allemande, est fondé uniquement sur l'orthographe des mots, lesquels, suivant leur apparence, sont classifiés d'après la conjugaison sémitique. C'est cette classifica- tion qui est le premier but de l'ouvrage. Comme, en fait, il n'y a pas d'orthographe en égyptien, qu'il n'existe pas une seule manière correcte d'écrire les mots, on n'est pas surpris de la quantité de formes dont il y a à faire la liste, même en tenant compte de ce qu'une forme peut reparaître à plusieurs reprises sous des noms différents. Et à ce point de vue on ne peut qu'admirer la richesse d'exemples que nous fournit l'auteur. Sans doute, il nous donne toujours le sens de la phrase ou du mot qu'il cite, mais ce n'est cependant pas là sa première préoccupation, c'est si l'on peut s'exprimer ainsi, l'apparence extérieure qu'il a en vue, et non le sens, l'intelligence des expressions lesquelles il range sous l'un de ses numéros.

Il semble que dans un traité sur le verbe qui prétend être aussi complet, la question importante à résoudre est celle-ci : Comment le verbe égyptien exprimait-il le temps? Comment rendait-il le passé et le futur? Avait-il des formes spéciales pour ces idées, ou n'en avait-il pas? On chercherait en vain dans le livre de M. Sethe comment le verbe égyptien exprimait le futur ou le passé. Sans doute, il arrive qu'une forme est interprétée comme ayant le sens du passé, mais ce n'est pas en raison du sens qu'elle est citée, c'est parce qu'elle appartient à telle classe du verbe à deux, trois ou quatre radicales réellement écrites ou dont l'existence est supposée. Ce n'est que son extérieur qui importe, ce sont les deux, trois ou quatre consonnes dont il faut énumérer et classer les modifications, et ce n'est pas l'idée que représente le mot, qu'il s'agit de rechercher et d'arriver à comprendre.

Voilà donc le grand progrès dans la philologie égyptienne, dont Eduard Meyer nous dit que pendant des dixaines d'années, tant que vivait Lepsius, il n'a pas pu se produire. On se demande si l'intelligence des textes en sera grandement facilitée ; nous en attendons la preuve par la traduction des textes des pyramides, que Maspero seul a tentée, traduction qu'en Allemagne on déclare vieillie, sans cependant qu'on ait essayé de nous en présenter une nouvelle. Jusqu'à présent il nous semble que la méthode analytique de Rougé est celle qui nous a fait le mieux avancer dans l'interprétation, celle qui cherche avant tout à reconnaître la valeur et le sens des formes, bien plutôt que cette classification à outrance, qui porte sur l'orthographe et sur des variantes graphiques répondant si peu à une modification dans le sens, que l'usage n'en est nullement obligatoire.

Il nous est donc impossible d'abandonner l'ancienne grammaire, celle de Rougé et Renouf, et la conception que ces deux auteurs avaient de la langue, pour nous ranger au nombre des disciples de l'école de Berlin ; et cela surtout parce que cette conception nous paraît établie d'après une méthode qui n'est pas la vraie méthode scientifique. Elle repose sur une idée *a priori*, ou, pour employer un mot que la science allemande affectionne, sur un postulat : l'égyptien est une langue sémitique. C'est, ainsi que je le disais plus haut, une idée générale, je dirais presque un principe, qui a été suggéré à un auteur par un fait qu'il a expliqué de cette manière. L'explication devient alors pour lui le fait établi, aux conditions et aux conséquences duquel il faudra adapter faits et documents.

A propos de la nature sémitique de la langue égyptienne, les deux faits qui ont conduit l'école allemande à cette conclusion générale sont : d'abord l'absence complète de voyelles dans l'alphabet égyptien qui ne reproduit que des consonnes, et les thèmes à trois consonnes; encore ce dernier fait dérive‹t‹il néces‹ sairement du premier, et ne peut‹il être constaté qu'au prix d'un traitement approprié que doivent subir un grand nombre de formes.

L'égyptien ne reproduit aucune voyelle. «En dépit de toutes les affirmations contraires, jusqu'à présent, ni dans l'Ancien Egyp‹ tien, ni dans le Nouvel Egyptien, on n'a pas pu découvrir une trace de l'indication des voyelles.» C'est par cette phrase que débute la grammaire de Sethe, laquelle, nous a dit Erman, avait enfin placé la science sur un terrain solide, établi d'une ma‹ nière définitive que les thèmes étaient à trois consonnes, et par conséquent établi le caractère sémitique de la langue.

Si, maintenant, nous demandons à M. Sethe sur quoi il s'appuie pour une affirmation aussi catégorique, il nous dira que, comme dans le sémitique toute syllabe doit (muß) commencer par une consonne, il n'y a pas en égyptien de syllabe commençant par une voyelle, et tout mot copte qui commence par une voyelle a perdu une consonne initiale. C'est toujours cette même manière de raisonner dont nous nions absolument la valeur démonstrative. Il n'y a pas de voyelles dans l'écriture égyptienne, donc c'est une langue sémitique, et ce qui prouve qu'en réalité il n'y en a pas, c'est que l'égyptien, étant une langue sémitique, ne doit point en avoir.

En outre, il faudra inventer plusieurs consonnes dont on ignore absolument la valeur. Il y en a plus qu'en hébreu, qui est la norme d'après laquelle on se régle. ⌠ correspond soit à א soit à ', soit à *j* ou *jj* pour laquelle on emploie plus souvent ⌠⌠ et qui n'existe pas en hébreu. ⌐ est l'ע, quant à 𓅓, cette con‹ sonne d'un emploi si fréquent, non seulement elle n'a pas de correspondant sémitique, mais en copte elle a complètement disparu, et l'on n'en connaît pas la valeur. De même, on ne sait où retrouver en copte la consonne *jj*.

Ainsi, les traducteurs de l'Ecriture, qui les premiers ont fixé l'alphabet copte d'après le langage parlé des différentes parties

de l'Egypte, ont laissé tomber toutes ces consonnes, ils ne leur
ont donné comme correspondants que les voyelles ou les diph=
thongues de l'alphabet grec, ce qui paraît prouver d'une manière
irréfutable qu'elles n'existaient pas comme consonnes. Car lors=
qu'il y en avait qui ne correspondaient pas tout à fait à l'alphabet
grec, on en a inventé de nouvelles. Ainsi, il faut bien que le
ϥ diffère en quelque manière du φ, pour qu'on ait adopté ce
nouveau signe.

Nous avons encore là un des procédés familiers à la méthode
allemande, surtout dans les études historiques. Ce sont les créa=
tions nécessaires, pour compléter la théorie. Ici il ne s'agit pas de
documents ou d'auteurs dont on a besoin, ce sont simplement
de lettres dont on dit qu'elles ont disparu en copte, mais dont
il faut affirmer l'existence, car pour le système on ne peut pas
s'en passer.

Nous croyons que l'école allemande ne se serait pas engagée
dans cette voie, si elle n'avait pas perdu de vue le caractère
fondamental de l'écriture égyptienne, qui est une écriture figura=
tive dans laquelle les signes ont une valeur en eux=mêmes, qui
n'existe pas pour l'alphabet sémitique où ils n'ont qu'une valeur
conventionnelle. Nous ne revenons pas sur ce que nous avons
longuement développé au début, c'est que l'écriture ne s'est
jamais complètement affranchie du dessin, elle n'a jamais atteint
ce caractère amorphe ou conventionnel, qui est élémentaire dans
un alphabet véritable. L'hiéroglyphe est toujours resté une figure;
or, toute figure a un nom qui renferme des voyelles, et quand
on use d'une figure pour représenter le son qu'a son nom, il
est évident que les voyelles doivent y être. Si l'on veut exprimer
un mot par un rébus, il est clair que ce rébus renferme des
voyelles, et n'est pas simplement un assemblage de consonnes
qui n'auraient pas de son par elles=mêmes.

Il y aurait encore beaucoup à dire pour combattre l'idée que
l'égyptien est une langue sémitique. On pourrait faire remarquer,
par exemple, que les deux termes de comparaison devraient être
choisis à des époques qui ne fussent pas séparées par des milliers

d'années. Vous prenez l'égyptien le plus ancien, c'est à dire celui
qui, d'après vous, a le moins subi de dégénérescence, c'est la
langue du troisième millénaire avant J. C. et vous en assimilez
les formes à celles de l'hébreu, c'est à dire la langue qui, à en
croire les critiques, est celle du Jahviste, d'un auteur qui a vécu
au 9ᵐᵉ siècle. Et cependant, dans l'intervalle, il y a eu une langue
sémitique dont nous avons conservé des monuments en grand
nombre, celle de Babylone, de Hammourabi, de 2000 ans avant
notre ère. Cette langue a une écriture qui note toutes les voyelles,
qui a des signes pour chacune des voyelles isolées, qui, contrairement à la loi de SETHE, ne manque jamais d'écrire la voyelle
initiale ; par exemple dans la conjugaison, plus riche que celle
de l'hébreu, et dans laquelle les formes des personnes ne diffèrent
quelquefois que par cette voyelle initiale qu'on se garderait
d'omettre. On voit à quel point est arbitraire et artificielle cette
théorie qui fait de l'égyptien une langue sémitique.

Etudions donc l'égyptien pour lui même, sans vouloir le faire
entrer de force dans un cadre sémitique ou autre ; renonçons,
s'il le faut, à la nomenclature grammaticale empruntée à des
groupes linguistiques bien définis. Prenons-le tel qu'il est, avec
son alphabet dont le développement est encore irrégulier et tient
encore du dessin, avec une grande pauvreté de formes, et l'absence
d'une classification véritable des différentes catégories de mots.
Il n'en est que plus intéressant de reconnaître l'usage de cet
instrument imparfait, et de voir en particulier comment les Egyptiens réussissaient à rendre les nuances des idées. C'est là ce
qui me semble la tâche que le grammairien doit se proposer,
quand il aborde l'étude de la langue égyptienne.

CHAPITRE III.

LE DÉMOTIQUE ET L'ARAMÉEN

I.

Le démotique.

L'égyptien, avant le copte, a eu trois écritures : 1° les hiéro‑
glyphes, 2° ce qu'on a appelé faussement l'hiératique, et 3° le
démotique. L'hiératique n'est qu'une simplification pratique des
hiéroglyphes. Un texte est absolument le même dans l'une ou
l'autre des deux écritures, l'hiératique n'implique aucun change‑
ment dans la langue, ce n'est qu'une écriture cursive, et c'est
là le nom qu'elle devrait porter.

Depuis la fin de la XXV. dynastie et surtout pendant la XXVI.
on voit surgir dans tout le pays une nouvelle écriture employée
pour une langue qui diffère en quelque mesure de l'ancienne
langue, celle qui est écrite en hiéroglyphes. Cette nouvelle écri‑
ture et cette nouvelle langue, c'est ce qu'on appelle le démotique,
qui nous était connue par des textes anciens sous des noms
divers. Hérodote a donné à cette écriture le nom de démotique,
γράμματα δημοτικά, Diodore emploie presque le même nom,
δημώδη; Clément d'Alexandrie, qui distingue l'hiératique de
l'hiéroglyphique, appelle la troisième écriture ἐπιστολογραφικά.

Si maintenant nous consultons les inscriptions trilingues, hiéro‑
glyphiques, démotiques et grecques, nous voyons que soit Rosette,
soit Canope appellent le démotique *l'écriture des lettres*, tandis
qu'en grec Rosette le nomme ἐγχώρια γράμματα et Canope Αἰγύπτια
en opposition à l'écriture sacrée, ou l'écriture du collège sacré.

Il ressort de ces diverses appellations que le démotique était
une écriture populaire reproduisant un langage qui l'était aussi.

Il est évident qu'au début, lorsque les Egyptiens se sont mis à reproduire par des figures ce qu'ils disaient ou entendaient, langage écrit et langage parlé ont dû être fort semblables. Mais il est arrivé ce qui s'est vu en tous pays, c'est que l'écriture n'a pas suivi les variations du langage parlé, il s'est formé en Egypte une langue écrite, et il s'est produit entre ce qu'on parle et ce qu'on écrit, cette divergence que nous pouvons constater même de notre temps.

Cela se produit infailliblement toutes les fois qu'un peuple arrive à un certain degré de civilisation. « Un idiome naturel subit l'influence d'une langue littéraire. Par langue littéraire nous entendons toute espèce de langue cultivée au service de la communauté tout entière. Livrée à elle-même, la langue ne connaît plus que des dialectes, et c'est pour une raison qui varie suivant les peuples, qu'un des dialectes existants est choisi pour en faire le véhicule de ce qui intéresse la nation dans son ensemble. » (1) Ainsi s'exprime SAUSSURE, mais pour ce qui concerne l'égyptien nous devons remonter encore plus haut. Le créateur de la langue littéraire égyptienne est sans doute le groupe qui a inventé l'écriture, et la langue que nous trouvons dans les inscriptions les plus anciennes que nous avons conservées devait être son dialecte, à côté duquel il y en avait probablement d'autres. Car la tendance des dialectes est toujours de se fractionner, à moins qu'il n'y ait une langue littéraire qui s'impose avec une vigueur suffisante pour faire disparaître les patois.

Ce n'est certainement pas ce qui est arrivé en Egypte, bien au contraire, la langue écrite répondait si peu aux besoins de la population qu'il a fallu en venir à une création nouvelle, le démotique, la langue populaire. Le peuple ne savait plus lire les hiéroglyphes et en comprenait mal la langue. Lorsqu'on voulait qu'un décret concernant les temples ou la royauté, et écrit par conséquent en caractères sacrés, ceux dont le dieu Thoth était l'inventeur, pût être lu et compris de la foule, on le rédigeait

(1) Cours de linguistique générale, p. 274.

aussi en démotique, et en grec si c'était à l'époque où l'élément grec était déjà fortement représenté en Egypte.

La naissance du démotique, c'est là un fait dont la portée n'a pas suffisamment été prise en considération, et qui nous paraît de nature à jeter un jour nouveau sur ce qui s'est passé au point de vue linguistique dans d'autres nations de l'antiquité.

La langue égyptienne n'est pas sortie de la vallée du Nil, elle ne s'est pas répandue au dehors, par conséquent nous savons exactement le lieu d'origine du démotique, et nous pouvons d'emblée écarter toute idée d'une influence étrangère.

Ce point est fondamental, et d'une importance capitale : le caractère absolument autochthone et indigène de cette évolution de l'égyptien, qui ne peut être rattachée à aucune invasion ou conquête venue du dehors.

Quel est l'âge de la plus ancienne écriture démotique ? (1) A cette question, comme le dit GRIFFITH, on ne peut pas faire une réponse précise. Le démotique est d'abord un développement de l'écriture hiératique cursive. Déjà à l'époque de la XXI. dynastie on peut constater une séparation entre l'écriture du livre et celle des affaires. Même dans certains documents thébains de la XX. dynastie on peut trouver des passages d'une écriture tout à fait cursive qui se rapproche beaucoup du démotique. Depuis lors, écriture et langue s'écartent toujours plus de la langue et de l'écriture hiéroglyphique. Cette dernière, sous la XXI. dynastie, se distingue par sa beauté et sa pureté dans les papyrus funé≈ raires que nous avons conservés.

A la fin de la XXV. dynastie, la dynastie éthiopienne, nous voyons paraître des documents légaux qu'on a appelés démo≈ tiques, quoiqu'ils présentent encore un mélange de signes hiéra≈ tiques. BRUGSCH, qui n'hésite pas à leur donner le nom d'ancien démotique, insiste sur la difficulté d'interprétation, précisément à cause du mélange des deux espèces de signes qui n'ont pas

---

(1) GRIFFITH, Catalogue of the Demotic Papyri in the John Rylands Library at Manchester, vol. III, p. 11. MÖLLER, Paläographie II, p. 1.

la même valeur dans les deux formes de la langue. Il fait de ces documents la première époque du démotique qu'il étend jusqu'à l'avènement des Ptolémées. GRIFFITH appelle l'écriture de ces textes «abnormal hieratic» qu'on aurait employée dans les textes thébains jusqu'au règne d'Amasis, tandis que le véritable démotique se formait dans la Moyenne Egypte et dans le Delta. Pour le savant anglais, l'ancien démotique (early demotic) comme pour BRUGSCH, comprend ce qui est antérieur à l'Empire Macédonien, quoiqu'on rencontre de rares papyrus de l'époque Perse où les formules et le style de l'écriture ne diffèrent en rien de ceux du temps des premiers rois grecs. On peut dire que le véritable démotique, le démotique normal, date de la fin de l'époque Perse, du règne des rois Macédoniens. C'est alors que l'écriture a atteint son développement complet en ce sens qu'elle se sépare à tel point de l'hiéroglyphique ou même de l'hiératique, que nous voyons alors surgir des textes bilingues; des décrets importants comme celui de Rosette ou celui de Canope doivent être écrits en hiéroglyphique, qui est l'écriture imposée par la nature du document, et en démotique, qui seul serait compris de la foule. Mais ce n'est pas seulement l'écriture qui a changé, c'est la langue qui à pris une forme populaire. Langue et écriture vont ensemble, et, comme le dit GRIFFITH, la langue égyptienne, de l'époque démotique, ne se trouve pas en dehors des écrits démotiques. C'est donc bien une création distincte de la langue littéraire qui emploie les hiéroglyphes. (1)

C'est là un phénomène bien constaté et dont il est difficile de se rendre compte : cette langue populaire écrite surgissant d'elle-même sans que nous puissions jusqu'à présent reconnaître les causes qui ont déterminé cette création. Il y avait sans doute dès longtemps en Egypte une langue populaire, probablement même plusieurs dialectes qui différaient de ce que les sculpteurs gravaient sur les murs des temples et sur les stèles funéraires, ou de ce que les scribes ayant reçu une bonne éducation écrivaient sur leurs papyrus.

(1) GRIFFITH, l. l. p. 181.

Nous avons quelques contrats écrits en hiératique; mais à quelle occasion a-t-on cru nécessaire de renoncer à cette écriture et de consigner le texte des accords dans un langage qui se rapprochait davantage de celui que parlait la foule? Sans doute, les inconvénients de l'ancienne écriture devaient se faire sentir depuis longtemps. Il est bien possible qu'on éprouvât le besoin d'avoir un moyen de correspondance mieux à la portée du peuple. Toujours est-il qu'on se demande qui a eu le premier l'idée d'inventer cette nouvelle écriture, et de quel endroit cette invention est partie pour se répandre dans tout le pays. On dira que le démotique n'est que de l'hiératique modifié et simplifié, mais cette modification devint très vite si considérable, que presque toujours il ne reste rien du caractère ancien. L'élément figuratif a complètement disparu, surtout dans les déterminatifs, et les signes n'ont plus qu'une valeur conventionnelle, quoique l'écriture diffère absolument d'un alphabet proprement dit. Mais ce n'est pas l'écriture seule qui a changé, la grammaire et la syntaxe se sont aussi modifiées. Le démotique est donc un idiome nouveau qui a subsisté parallèlement avec l'ancien égyptien écrit en hiéroglyphes, et il paraît probable que la connaissance du démotique était beaucoup plus répandue que celle de l'hiéroglyphique. Cette dernière était avant tout la langue officielle, celle des prêtres, celle de la religion, tandis que le démotique était l'écriture courante. C'est pour cela que dans des décrets comme celui de Rosette ou celui de Canope, on a été obligé de présenter les deux versions différentes. Le démotique n'était pas approprié à la religion, car jusqu'à présent on n'a retrouvé qu'un ou deux exemplaires démotiques du Livre des Morts, tandis qu'il y en a des centaines dans l'ancienne écriture hiéroglyphique ou hiératique, dont plusieurs ne sont pas antérieurs à l'époque romaine.

Ce qui est particulièrement intéressant dans la naissance du démotique, c'est que nous n'avons aucun doute sur le pays où il est né et sur les auteurs de cette création. Si le domaine où il a régné n'était pas si exactement circonscrit, si nous ne connaissions pas aussi bien ce qui a précédé et duquel le démotique s'est détaché, il est vraisemblable qu'on recourrait à l'explication favorite dans d'autres cas analogues : une invasion étrangère, l'occupation du pays par un peuple auquel on donnerait un nom, et qui aurait réussi à faire de sa langue celle du peuple conquis.

Ici il n'en est rien, aucun étranger n'est venu apporter aux Egyptiens le démotique qui est bien autochthone. Ce sont bien eux qui en sont les inventeurs. Dans ce cas, l'Egypte nous pré= sente un phénomène linguistique sur l'origine duquel il n'y a pas de doute possible. Sous l'empire d'une impulsion toute spontanée paraît en Egypte une écriture nouvelle servant à con= signer un idiome différent de la langue écrite. Ce nouvel idiome ne paraît pas tout d'un coup, mais la transition de l'ancien au nouveau n'est pas de longue durée. Il est bien possible que cette transition fût déjà marquée dans le langage parlé, mais non encore dans l'écriture, où le saut est plus brusque. Nous avons bien quelques textes où l'on peut reconnaître cette transi= tion, ceux que GRIFFITH appelle «abnormal hieratic». Ils appar= tiennent à la XXV. dynastie et quelques=unes à la XXVI., mais ils forment un groupe à part, et déjà sous les Psammétiques plusieurs documents présentent le démotique régulier ou normal. Le changement s'est produit sans que nous puissions en recon= naître la cause.

Voilà donc un exemple bien constaté d'une langue populaire écrite qui surgit à une date connue, qui servira à de nombreux écrits, qui possédera même toute une littérature, et qui répond évidemment à un besoin. L'ancienne écriture et la langue litté= raire n'étaient plus appropriées aux circonstances d'alors. Il fallait quelque chose de nouveau.

Qui a eu le premier l'idée de l'écriture démotique destinée au langage populaire ? A cet égard, nous sommes dans une igno= rance absolue, et les anciens ne nous ont laissé aucun rensei= gnement qui puisse nous mettre sur la voie. On se représente que l'inventeur de cette écriture a dû être quelqu'un des écri=

vains publics qu'on voyait dans les marchés comme aujourd'hui, et qui, assis par terre, les jambes croisées, écrivait lettres ou affaires sur un morceau de papyrus qu'il appuyait sur sa main, à moins, ce qui est fort possible, qu'il n'employât pour cela un tesson, un ostracon. Nous avons conservé des tessons avec une inscription démotique; il serait intéressant d'en fixer exacte‑ment la date, qui est peut‑être antérieure aux contrats les plus anciens.

Que ce soit un inventeur unique ou un petit groupe qui ait le premier écrit du démotique, il a dû résider dans une localité que nous ignorons également, et à partir de laquelle l'invention s'est répandue dans le pays. Si l'on peut hasarder une hypothèse, il semblerait à première vue que c'est dans le Delta qu'on devrait chercher la patrie du démotique. Ce qui pouvait avoir poussé à cette innovation, c'est le commerce, quoique cette écriture dût présenter de grandes difficultés aux étrangers. Or c'est dans les villes du Delta que le commerce s'est surtout développé, depuis l'établissement des Grecs sous les Saïtes et, plus tard, sous les Ptolémées. Ce n'est pourtant pas à cette conclusion que les études sur le démotique ont conduit. Si on le compare à la dernière forme de la langue égyptienne, le copte, on voit que le dialecte avec lequel il a le plus de rapport, c'est celui d'Achmim. Est‑ce à dire que c'est de cette ville, l'ancienne Chemmis ou Panopolis, que le démotique est originaire, ou bien, au contraire, peut‑on dire que le dialecte d'Achmim a mieux que les autres conservé les anciennes formes de la langue? Nous ne pouvons nous pro‑noncer dans cette alternative. Mais il paraîtrait bizarre que le démotique fût sorti d'une ville qui n'était sur aucune voie de commerce, et qui ne semble avoir joué un rôle important à aucune époque.

Néanmoins, en Egypte, il faut tenir compte des circonstances locales que nous ignorons presque toujours, et il est possible que le démotique ait été inventé à Achmim et y fût en usage alors que, d'après Griffith, les Thébains s'en tenaient encore au démotique archaïque. Il serait resté confiné dans cette ville jusqu'à ce que, pour une raison que nous ignorons absolument, il sortit de sa cachette et se répandit dans tout le pays.

Le démotique ne supplanta pas l'ancienne langue et l'ancienne écriture, qui demeurèrent en usage pour tout ce qui était officiel et qui tenait au culte. L'hiéroglyphique continua de préférence à être la langue religieuse; les stèles funéraires de l'époque grecque et romaine sont écrites en hiéroglyphes. Il est à remarquer cependant qu'un grand nombre des stèles d'Apis découvertes par MARIETTE au Serapeum sont en démotique, surtout à l'époque des Ptolémées, ce qui semblerait indiquer que la langue populaire écrite fut plus répandue dans le Delta, où le commerce en avait peut-être encouragé l'usage. En Haute Egypte, à Philae qui était un lieu de pélerinage, et sur les rochers qui bordent la route d'Assouan à l'île, on trouve un grand nombre de proscynèmes, d'ex-votos en démotique, et cela est naturel, ceux qui adressaient leur prière à la déesse le faisaient dans la langue qui leur était familière et ne recouraient pas a celle des prêtres.

Ce qui distingue le démotique de la langue littéraire, c'est avant tout l'écriture. Quelqu'un qui le lisait pouvait fort bien ignorer l'hiéroglyphique, et il est même probable que c'était en général le cas. Les caractères anciens ne sont plus reconnaissables, sauf ceux qui pouvaient se réduire à un simple trait. L'élément figuratif a complètement disparu et il devait en être ainsi, car une figure employée pour une lettre n'aurait pu qu'induire l'étranger en erreur.

Le signe démotique, qui n'est autre chose qu'un trait, ne rappelle en général en rien le signe hiéroglyphique dont il tient la place. S'agit-il par exemple des noms des dieux, ils pourront être écrits en toutes lettres, mais fréquemment, surtout quand ils entrent dans la composition d'un nom propre, ils sont écrits par un sigle qui en lui-même ne représente rien, et dont il faut avoir la clef par une inscription bilingue.

Il est certain que la lecture d'un texte démotique nous offre de grandes difficultés. Il s'agit, comme le dit BRUGSCH (1), de recon-

(1) Thesaurus, vol. V, p. 1040.

naître et de séparer chaque signe. Or, tandis que les inscriptions sur pierre ont des traits plus angulaires et mieux accusés, il n'en est pas de même de ce qui est écrit sur papyrus. On peut, dans l'écriture, distinguer des périodes, sans parler de la plus ou moins grande habileté de l'écrivain qui se reconnaît dans l'examen du texte. Dans les documents les plus anciens de la XXVI. dynastie, l'écriture démotique, comme l'hiératique, est épaisse et empâtée, et les signes se noient les uns dans les autres. Même dans la seconde période, sous les premiers Ptolémées, l'écriture est encore très chargée et les ligatures sont fréquentes, mais cependant les éléments qui composent chaque signe peuvent être distingués, et gagnent en clarté. Ce n'est guère que dans la troisième période qu'on remarque la tendance à éviter autant que possible la contraction des signes pour les distinguer les uns des autres, ce dont nous avons des exemples remarquables dans certains papyrus. On a souvent observé, continue BRUGSCH, que le même signe pouvait avoir des valeurs très différentes, mais il en est de même dans nos écritures courantes, qui souvent omettent de marquer même ce qui est la caractéristique d'une lettre, en sorte que le contexte seul nous indique quelle est la lecture vraie, et si les Egyptiens avaient eu des caractères imprimés, ils auraient certainement rendu la forme exacte dans chaque cas. Il existe, par exemple, un signe auquel on donne six valeurs différentes, dont l'une est le sigle d'Amon. Il en est ainsi parce que nous ne remontons pas à l'origine du signe, ce qui nous aurait conduit à discerner de légères différences pour chacune de ces six valeurs.

On commet la même erreur lorsqu'on croit que le même mot peut être écrit par des signes différents. En remontant à l'origine de pareils signes, par exemple à celui qui correspond à l'hiéroglyphique ▲──◩, on reconnaîtra que le point de départ est le même et que ce sont simplement des variantes graphiques.

Quelque grande que soit dans ces questions l'autorité de BRUGSCH, qui le premier nous a révélé dans son ensemble ce qu'était le démotique, nous ne saurions adopter complètement ce point de vue qui nous paraît théorique plutôt qu'il ne répond

à ce que nous avons sous les yeux. Il est certain que les deux
grandes difficultés du démotique sont, d'une part, qu'un signe
peut avoir des valeurs multiples sans que rien ne montre quelle
en est la lecture réelle sinon le contexte, et aussi que, suivant
les textes, le même signe peut avoir des formes différentes quoique
la lecture soit la même. Qu'une comparaison exacte des valeurs
ou des formes puisse nous montrer dans l'un de ces deux cas
que les différences existent, quoiqu'elles soient peu marquées,
et que pour l'autre le point de départ est unique en dépit des
apparences, cela est fort possible, mais il est clair que c'est là
une recherche qui ne peut être faite qu'après le déchiffrement,
lequel, en raison de ces deux circonstances, est moins avancé,
et a conservé un caractère plus incertain que celui des hiéro=
glyphes.

Qu'on prenne le lexique d'un texte démotique étendu, comme
celui dont SPIEGELBERG a fait suivre son beau mémoire sur la
légende du roi Petubastis (1). L'auteur a suivi pour les diffé=
rentes lettres l'ordre du dictionnaire de BRUGSCH. Déjà à la pre=
mière lettre, qui correspond à l' 𓄿 , sur trois mots cités qui
commencent par cette lettre, il y a trois formes différentes du
signe ; dont l'une, celle qui doit être l'ⲁ de la négation ⲁⲧ, ne
ressemble nullement aux deux autres ; pour la seconde ⲓ il y en
a encore plus, et cette variété existe aussi bien pour les con=
sonnes véritables que pour les lettres que nous appelons des
voyelles, et que SPIEGELBERG persiste avec toute l'école allemande
à transcrire comme des consonnes.

Ainsi l'évolution linguistique des Egyptiens ne les a pas con=
duits au même progrès que les Phéniciens, ils ont renoncé au
figuratif, mais ils ne sont pas arrivés à adopter une forme unique
pour un même caractère; et là il ne s'agit pas d'une modification
historique correspondant à une date donnée ; l' 𓄿 n'a pas une
certaine forme dans la première période et une autre à la sui=

____

(1) W. SPIEGELBERG, Der Sagenkreis des Königs Petubastis. Leipzig 1910.

vante. C'est dans le même texte que cette variété se produit, il n'y a donc pas de forme fixe et arrêtée.

En démotique encore plus qu'en hiératique, le vocalisme s'est richement développé, et ce vocalisme n'a pu être rendu que par les lettres que l'école allemande appelle des consonnes. BRUGSCH, qui dans son dictionnaire appelait les unes des voyelles et les autres des demi-voyelles, admet qu'en démotiqne ce sont des voyelles pures. Ces lettres sont beaucoup plus souvent écrites que dans l'hiéroglyphique, et si on les transcrit comme voyelles, on arrive à un mot qui est, sinon identique, du moins fort semblable au mot copte. Or le démotique est la transition de la langue littéraire au copte, qui n'est lui-même qu'une langue populaire. Il semble donc que le démotique est une preuve de plus qu'il existe des voyelles dans l'alphabet, et que c'est à tort qu'on veut n'y voir que des consonnes. Le fait que les voyelles sont plus souvent inscrites, fait perdre dans ce cas aux consonnes qui les précèdent leur caractère syllabique, ce ne sont plus des syllabes ouvertes. Les syllabes fermées sont aussi moins fréquentes.

Quand même le caractère figuratif n'existe plus, il y en a un trait qui subsiste, ce sont les déterminatifs que BRUGSCH appelle *Deutezeichen*, signes explicatifs. Non seulement on ne les abandonne pas, mais on en augmente même le nombre; (1) « il n'est pas rare qu'on trouve quatre, même cinq signes muets à la fin d'un mot ». Il est certain que la raison d'être qu'on attribuait autrefois au déterminatif, l'explication du mot écrit phonétique ment, n'a plus aucun sens, puisque le déterminatif démotique est un signe qui n'a rien de figuratif, qui ne représente rien. En revanche, on peut reconnaître au déterminatif les deux usages que nous lui avons assignés, servir d'indications phonétiques et marquer la fin d'un mot. Mais pourquoi alors y en a-t-il plusieurs, quand un seul suffirait? Il est vrai que la pluralité des déterminatifs est plutôt une exception, néanmoins nous n'avons pas encore découvert quel est le but de cette multiplication des déterminatifs.

____

(1) Ägyptologie, p. 121.

Il est certainement étrange de voir comment l'écriture égyptienne s'est modifiée en passant au démotique, et combien elle a peu suivi la marche qu'on devait attendre d'une langue que l'école allemande veut à toute force appeler sémitique. Sans doute, au point de vue graphique, elle s'est beaucoup simplifiée. Au lieu de signes compliqués et qui demandaient, même en hiératique, à être dessinés avec un certain soin, pour qu'on pût reconnaître en quelque manière la figure même dans son dessin, on ne voit plus que des traits, souvent mêlés les uns aux autres, des formes mal accusées et indistinctes, que Sethe appelle «un pêle-mêle de traits». Il ne semble pas qu'il y ait pour chaque signe une forme arrêtée dont l'écrivain ne puisse pas s'écarter; chaque écrivain paraît avoir plus ou moins son alphabet à lui, et l'on peut se demander s'il n'en était pas alors comme de notre temps, où chacun a son écriture par laquelle on peut le reconnaître.

Puis, certainement, l'un des caractères par lequel le démotique diffère le plus d'un alphabet sémitique, c'est l'usage des déterminatifs. Celui-ci se comprenait très bien dans l'écriture idéographique, où la figure indiquait d'emblée la prononciation du mot qui précédait. Mais dans le démotique, sauf quelques-uns comme celui des poissons, ils sont d'ordinaire incompréhensibles. Ce sont de simples sigles qu'il fallait apprendre comme les caractères du mot lui-même, sans cela il était impossible de les reconnaître. Qu'on prenne, par exemple, la série de déterminatifs que Spiegelberg a catalogués dans la chronique de Petubastis, et l'on verra que rien ne rappelle l'hiéroglyphe qu'ils sont supposés représenter. Il serait même impossible de les comprendre si l'on ne connaissait le mot en hiéroglyphes. En réalité il y en a bon nombre dont on ne connaît pas la signification, et dont à cause de cela l'emploi paraît inutile. On pourrait peut-être comparer le déterminatif démotique aux clefs de l'écriture chinoise qui sont destinées, non à indiquer la prononciation, mais à expliquer le sens des mots auxquelles elles sont accolées. Comme les déterminatifs égyptiens, les clefs de l'écriture chinoise ne se prononcent pas, elles indiquent pour qui lit à voix basse le sens du mot.

On voit qu'en démotique, quoique l'apparence des signes soit
tout à fait déviée de l'original, il n'en reste pas moins une preuve
de l'origine figurative, du fait que le mot a d'abord été un dessin,
une représentation. Un déterminatif n'a plus sa place dans une
écriture purement alphabétique, qui rend chaque lettre du mot
à la place qu'elle doit avoir.

Le démotique, dans la grammaire, présente les caractères d'une
langue populaire. On y trouve certains mots qui paraissent en
copte et dont l'ancienne langue faisait peu d'usage. C'est même
le démotique qui nous explique l'origine de mots ou de particules
très fréquentes en copte, et dont le correspondant dans les hiéro=
glyphes n'est pas d'un emploi très fréquent, par exemple la par=
ticule ϬΒΟλ qui se rencontre si souvent en copte, et même la
préformative ΜΕΤ ou ΜΕΝΤ qui sert à former les mots abstraits,
et qui remonte à ‖ ⌒ 𓂋 parole.

Les formes des verbes sont les mêmes, mais elles sont réduites
en nombre, et comme dans l'ancienne langue elles sont produites
par des particules, des pronoms et des auxiliaires, le thème restant
invariable, ce sont surtout les auxiliaires qui servent à indiquer
les temps.

Quant à la syntaxe, BRUGSCH nous dit qu'elle est développée
à un haut degré et d'après des règles parfaitement fixes. Ailleurs,
il insiste sur ce que la construction de la phrase est très simple
et très claire. C'est le cas, en effet, de toute langue populaire,
la construction de la phrase n'a rien de compliqué, rien de recher=
ché, elle rend l'idée de celui qui parle ou qui écrit, dans l'ordre
où elle se présente à son esprit, et avec la forme qu'il sait
lui donner, forme qui n'a rien d'artificiel, qui ne recherche point
d'ornement inutile. La phrase populaire ressemble beaucoup à
celle de l'enfant, elle jaillit spontanément et souvent se préoccupe
peu des règles que la grammaire impose au langage.

Pendant longtemps l'étude du démotique a été négligée, le peu
d'attrait que présentent un grand nombre des textes, et aussi la
difficulté à se rendre un compte exact de la valeur des signes,
ont contribué à ce que les égyptologues s'en sont volontiers

désintéressés. Depuis quelques années, lorsqu'on a vu qu'en démo‑
tique il n'y avait pas seulement des contrats, mais toute une litté‑
rature dont les morceaux s'accroîtront sans doute par des fouilles
heureuses, et qui compte déjà des fables, des romans, des chro‑
niques, l'attention s'est dirigée de ce côté. Nous ne doutons
pas qu'une connaissance plus complète du démotique n'éclaircisse
beaucoup de problèmes qui nous arrêtent encore dans l'ancienne
langue.

Nous ne pouvons allonger sur le démotique, ni entrer dans
le détail de ce qui constitue cette langue. Mais ce que nous
tenons à faire ressortir, c'est cette manifestation soudaine d'une
évolution de la langue qui remontait probablement très haut, mais
qui ne s'était pas traduite par l'écriture. Il est hors de doute
que la langue que parlaient les habitants de Thèbes ou de Mem‑
phis, n'était pas celle du poème de Pentaour ou du grand papyrus
Harris. Le populaire avait son dialecte qu'il n'écrivait pas plus
que les habitants de la Savoie n'écrivent le patois qu'ils parlent
encore, ou que les habitants de Berne ou Zurich n'écrivent ce
qu'ils appellent leur *dialekt,* et qui ne ressemble point au lan‑
gage dans lequel est rédigé leur journal.

A l'époque des Saïtes, cette langue populaire est apparue, non
seulement comme forme de langage, mais avec son écriture spé‑
ciale qui lui appartient en propre, et qui a été inventée pour
elle; par qui et à quelle occasion, c'est ce que nous ignorons
absolument. Ce que nous pouvons cependant affirmer, c'est que
le démotique est né en dehors de toute influence étrangère, il
n'est pas venu en Egypte de l'extérieur, ce n'est pas une invasion
pacifique ou belliqueuse qui l'a introduit dans le pays. Il est
absolument indigène et autochthone. Ce qui nous le prouve,
c'est que nous ne connaissons aucune nation qui ait envahi
l'Egypte et qui lui ait imposé sa langue, et c'est la nature même
du démotique. On ne peut concevoir un autre qu'un Egyptien
parlant et surtout écrivant le démotique. Car si nous avons
affirmé que l'écriture hiéroglyphique devait être née dans la
vallée du Nil, parce que tous les caractères qui sont des figures

ne représentent que des objets ou des animaux égyptiens sans aucun mélange de l'étranger, nous pouvons ajouter avec la même assurance que le démotique, quoique fort différent d'apparence, a conservé cependant assez de caractères dérivés de l'ancienne langue et lui appartenant exclusivement, pour qu'il soit impos＊sible de lui assigner une origine différente.

Cette évolution spontanée de la langue, allant jusqu'au change＊ment de l'écriture, se manifestant non comme une modification insensible et graduelle, mais comme un changement rapide et imprévu : c'est là un phénomène linguistique dont il nous semble que jusqu'à présent on n'a pas suffisamment mesuré l'importance, et qui, ainsi que nous allons le voir, peut s'être produit pour d'autres langues et chez d'autres nations.

II.

L'Araméen.

Une fois déjà à propos de l'écriture, ce que nous avons cons＊taté en Egypte nous a conduit à regarder en dehors du pays, à l'Asie sémitique, et à nous demander si, dans les langues que nous trouvons dans ce pays, il ne s'était pas passé quelque chose d'analogue, si l'évolution n'avait pas été semblable; et nous avons vu que PRAETORIUS attribuait à l'écriture cananéenne une origine syllabique. Les caractères cananéens, avant d'être de simples lettres, auraient été des syllabes ouvertes, une consonne suivie d'une voyelle finale ce que nous avons reconnu être le cas en égyptien.

Voici maintenant une nouvelle analogie qui se présente à l'es＊prit, et qui nous est fournie par le phénomène si bien reconnu de l'apparition du démotique, produit absolument autochthone, évolution spontanée consistant en ce que, à une date qu'on ne peut préciser qu'approximativement, on a mis par écrit la langue populaire qui existait peut＊être depuis des siècles à côté de la langue littéraire; et, pour cela, il a fallu recourir à une écriture nouvelle. De même, si nous considérons que le babylonien cunéiforme était la langue qui régnait sur toute l'Asie occidentale depuis Suse jusqu'en Asie Mineure, y compris le pays de Canaan, ne pouvons-nous pas dire qu'à un moment donné cette langue a vu surgir à côté d'elle une langue populaire écrite, pourvue de son alphabet propre, qui ne l'a pas supplantée entièrement, mais qui cependant est devenue la langue courante? Celle-ci a gagné de plus en plus d'importance, elle s'est répandue au dehors et a fini par avoir aussi sa littérature, comme le démotique, elle est deve-nue une κοινή.

Cet équivalent du démotique pour le babylonien cunéiforme, n'est-ce pas l'araméen? Cette langue, au lieu d'être la propriété d'un peuple de ce nom, n'est-elle pas l'évolution spontanée, et j'ajoute nécessaire de l'ancien idiome écrit en cunéiforme, évolu-tion préparée probablement depuis des siècles par la langue popu-laire, qui ne se traduit pas dans l'écriture ancienne, mais seule-ment au moment de l'apparition de l'écriture nouvelle répondant à des besoins nouveaux?

Je n'ai nullement la prétention de résoudre ici cette question si grave. Ce serait de ma part une présomption que je n'hésite pas à appeler ridicule. Je la soumets aux spécialistes des langues sémitiques de l'Asie occidentale, et avant tout aux assyriologues. Je ne voudrais que présenter ici les arguments qui me paraissent militer en faveur de cette manière d'envisager l'araméen. Et ici c'est encore l'exemple de l'Egypte, cet exemple si clairement carac-térisé, qui me semble être la considération prédominante. Dans la marche de la civilisation l'esprit humain suit des voies très semblables d'un pays à l'autre, et si les Egyptiens, à une date que nous connaissons, ont reconnu les inconvénients de leur ancienne langue écrite, et ont été obligés de l'abandonner pour une langue populaire, à laquelle ils ont adapté une écriture spé-ciale, on peut supposer qu'il en a été de même pour les popu-lations de la Syrie et de la Babylonie.

En abordant cette recherche, il faut, me semble-t-il, séparer nettement la langue d'avec le peuple qui la parle. L'anthropologie nous enseigne que l'ancienne philologie avait fausse route en voulant rattacher étroitement la race et le caractère d'un peuple, à la langue qu'il parle. Les langues sont loin de suivre toujours les migra⸗ tions des peuples, et les changements produits par les invasions et les guerres. Ici encore l'exemple de l'Egypte et très instructif, sans parler de bien d'autres. Il nous semble qu'il faut donner aux langues les mêmes noms que les anciens. Pour eux, une langue était désignée par le nom de ceux qui la parlaient, et non par des caractères grammaticaux ou philologiques. L'hébreu Ἑβραιστί de l'ère chrétienne, était la langue que parlaient les Hébreux du temps, et que les philologues d'aujourd'hui appellent l'araméen. De même, pour les anciens, l'araméen, c'était ce que parlaient les habitants de l'Aram, une vaste région qui compre⸗ nait des populations mélangées, et non pas seulement les Ara⸗ méens proprement dits, dont on attribue l'invasion, en Méso⸗ potamie d'abord, puis jusqu'en Syrie, au 13me siècle. (1)

Nous n'avons pas à refaire ici l'histoire des Araméens, ni même à rechercher les caractères spéciaux qui les distinguaient des nom⸗ breuses populations sémitiques occupant la Mésopotamie et la Syrie. Mais il est étrange que, s'ils ont eu dès l'origine une langue et une écriture qui leurs étaient propres et dont ils étaient les inventeurs, et qu'ils ont dû, par conséquent, apporter avec eux lors de leurs premières invasions, on n'en retrouve aucune trace avant les inscriptions du Panammu ou les contrats avec notes marginales. Cela est étonnant surtout si, comme le font plusieurs auteurs, on considère l'araméen et la langue écrite en cunéiforme, que ce soit le babylonien ou l'assyrien, comme appartenant à des populations différentes et comme s'étant succédé.

Brockelmann, par exemple, nous dira (2) que depuis le 8me siècle pénétraient en Mésopotamie des hordes toujours plus nom⸗ breuses de nomades araméens, qui peu à peu conquirent la plaine et plus tard s'introduisirent dans les villes. De cette ma⸗ nière l'ancienne langue du pays fut de plus en plus abandonnée,

(1) Kraeling, Aram und Israel, p. 20.
(2) Brockelmann, Grundriss der vergleichenden Grammatik der semitischen Sprachen, p. 7.

et depuis Alexandre, peut-être même plus tôt, elle n'était que langue morte. Ailleurs le même auteur nous dit que les Araméens sont connus déjà par les inscriptions babyloniennes et assyriennes depuis le 14me siècle. A cette époque reculée, nous ne saurions donc rien de leur langue.

D'après cette conception, laquelle est du reste celle de l'ancienne philologie, dans toute l'Asie occidentale il y aurait eu une seule langue à la fois écrite et parlée, qui nous serait connue par les nombreuses inscriptions cunéiformes que nous avons conservées. Précédemment déjà, nous appuyant sur SAUSSURE, un philologue de la nouvelle école, nous avons insisté sur ce que, toutes les fois qu'une peuple arrivait à un certain degré de civilisation, l'un des idiomes devenait la langue littéraire, le véhicule servant à la communauté, et qui pouvait étendre son domaine bien au-delà des limites du peuple ou de la tribu d'où il était parti. Cette langue littéraire conserve plus ou moins sa forme primitive, et en tout cas n'est nullement soumise aux variations qui se produisent dans le langage parlé. En dehors de la langue littéraire, il n'y a que des dialectes, dont la tendance est toujours de se morceler.

Il est impossible de considérer ce que nous appelons le cunéiforme babylonien et assyrien autrement que comme la langue littéraire employée de la Perse à l'Asie Mineure, la langue des lettres, du culte, des documents officiels, qu'on tenait à conserver, mais qui n'était pas le parler de la foule. Dans une région aussi étendue que l'Asie occidentale, il devait y avoir des dialectes, des patois sans nombre, lesquels, comme cela se voit encore de nos jours, pouvaient appartenir à une ville ou à un espace souvent très restreint.

En Egypte, ainsi que nous l'avons vu, il a dû certainement en être ainsi après que la langue hiéroglyphique s'est installée dans tous le pays. Même en raison de la nature des signes servant à l'écrire, cette langue a été plus immuable que d'autres, et à côté d'elle des dialectes devaient régner dans les différentes parties du pays. Mais il y a eu autre chose : l'ancienne langue

et surtout son écriture s'étant trouvées d'un maniement impropre
à rendre des nouveautés résultant de la marche de la civilisation,
comme par exemple les relations commerciales, il a fallu que le
langage populaire eût son instrument, son écriture, le démotique,
cette écriture nouvelle reproduisant le langage du peuple qui
n'était pas la langue littéraire. Et cet instrument, probablement
préparé d'avance, a surgi tout fait à une date fixe.

En est-il de même pour le cunéiforme? Cette écriture et cette
langue sont-elles suffisamment appropriées à tous les besoins de
la population, quelles que soient les circonstances de la vie, pour
qu'il ne soit pas nécessaire d'en adopter une autre? Ici, autant
que nous pouvons en juger, c'est moins la langue que la nature
même du cunéiforme qui nous paraît avoir forcé les habitants
de la Mésopotamie à se donner une autre manière d'écrire.

Le cunéiforme n'est pas une écriture, c'est une impression, une
empreinte. Il s'écrit au moyen d'un style qu'on presse sur de
l'argile humide. Chaque signe est un assemblage de ces empreintes.
Il n'est pas possible de dessiner un trait prolongé, ni surtout
recourbé. C'est donc une écriture peu applicable aux exigences de
la vie usuelle, parce qu'il faut de toute nécessité avoir de l'argile
à sa disposition, et qu'il n'est pas possible d'écrire sur ce qui
vous tombe sous la main, papyrus, peau, tesson, bois. Cela ne
peut se faire qu'avec de l'encre qu'il est impossible d'employer
avec un style. Les Babyloniens, avec le cunéiforme seul, font un
peu l'effet d'un peuple de nos jours, qui n'aurait que de l'im-
primé et rien de manuscrit.

Nous avons une preuve certaine qu'à côté du cunéiforme il
existait une autre écriture; ce sont des bas-reliefs (1) dont il
reste plus d'une douzaine, où, à la suite de scènes de batailles
on voit des scribes enregistrant le nombre des morts. Ils ont à
la main des rouleaux d'une matière flexible qui doit être de la
peau, et ils marquent combien de têtes coupées leur sont pré-
sentées. Ils n'ont pas de tablettes et ils écrivent avec ce qui doit

(1) Voy. LAYARD, Nineveh and its remains, 12. éd., p. 357.

être un roseau. Ils n'emploient donc ni argile ni style, et ce qu'ils écrivent ne peut pas être du cunéiforme. Avec leur roseau ils écrivaient aussi bien sur du papyrus que sur un tesson. Dans une de ces représentations on voit clairement l'encrier que le scribe porte à sa ceinture, comme les écrivains arabes de nos jours. (1)

Le climat de la Mésopotamie, moins favorable que celui de l'Egypte, n'a pas permis de conserver des documents de ce genre, tandis que nous avons des milliers de tablettes cunéï=formes. Il est vrai qu'on les réunissait dans des bibliothèques, et que la tablette d'argile cuite au feu est inaltérable. C'est bien pour cela qu'on choisissait l'argile, pour tout document à la con=servation duquel on attachait du prix.

Il nous reste maintenant à rechercher quelle était la langue et l'écriture employées par les scribes mésopotamiens à côté du cunéï=forme. Ce qui nous guidera, je le répète, ce n'est pas la question philologique, ce n'est pas la nature de la langue elle=même, ce sont les circonstances historiques dans lesquelles elle se présente, et qui me semblent montrer clairement que la langue populaire écrite, qui suit le cunéiforme dans presque toute l'Asie occiden=tale, c'est l'araméen. Il ne serait donc pas la langue qui appartient en propre à des envahisseurs Araméens, c'est l'évolution de la langue populaire écrite, paraissant à côté de l'ancienne langue littéraire, comme le démotique naissant à côté de l'hiéroglyphique. C'est aux philologues à rechercher en quoi la grammaire ara=méenne diffère du babylonien ou de l'assyrien, ou au contraire ce qui marque leur étroite parenté, mais nous voudrions faire ressortir à quel point les faits extérieurs rappellent ce qui s'est passé en Egypte.

Partout où l'on trouve l'araméen, il a été précédé à l'origine par le cunéiforme, en particulier dans le royaume araméen de Samál

---

(1) BREASTED, Processes of writing in the Early Orient, p. 245, décrit ces scribes écrivant avec un roseau sur une matière qu'il appelle du papyrus, mais qui est souvent de la peau. Souvent ils ont à côté d'eux un autre scribe écri=vant sur une tablette avec un style. A ce sujet, M. BREASTED nous dit : «when the cuneiform scribe appears, the pen man is practically never absent».

ou Yàdi dont les souverains se donnent comme sujets de Tiglath Pileser. C'est là qu'ont été trouvés les plus anciennes inscriptions araméennes, celles des deux Panammu et de leur descendant Bar-Rekub. Leur ancêtre Kilammu a laissé aussi une inscription, mais elle est en phénicien. S'il avait eu une langue et une écriture araméennes à sa disposition, on ne comprendrait pas que son inscription fût en phénicien. Mais l'araméen des Panammu et de Bar-Rekub est évidemment la langue courante du pays, celle des relations commerciales, et il est naturel qu'ils n'aient pas eu recours au cunéiforme qui devait être peu connu dans le pays.

Ce qui établit le mieux la présence simultanée des deux langues en Mésopotamie, ce sont les documents bilingues. Il est certain que l'emploi de l'araméen devint si général en Mésopotamie qu'il dut y avoir une chancellerie araméenne à côté de la chancellerie assyrienne. Dans les contrats, les fonctionnaires araméens apparaissent comme témoins, et le roi Esar-Haddon prie son dieu Shamash pour le bonheur de ses scribes assyriens et araméens.

Parmi les premiers documents bilingues découverts se trouvaient des poids de bronze, en forme de lions, appartenant à la fin du 8me siècle. Ils portaient des inscriptions en cunéiforme assyrien et en araméen. L'inscription assyrienne donne la date de l'objet et le nom du roi, ceci constitue la partie officielle, la marque royale du poids, mais sa valeur et le nombre d'unités qu'il représente sont donnés en araméen, qui ne mentionne rien d'autre. L'araméen est ainsi l'écriture populaire, celle que les commerçants, acheteurs et vendeurs, savaient lire, et il est naturel de penser que c'était la population elle-même, et non des Araméens étrangers. Ce qui importait au peuple, c'était la quantité, le poids indiqué, et nullement le nom royal; et c'est probablement ce que presque tous savaient lire, parce que c'était leur langue. De nos jours, il en est de même, le boutiquier lit sur son poids le nombre de grammes ou de kilogs qu'il vaut, et non les armoiries de l'Etat ou la marque officielle qui constate l'exactitude du poids.

Ce qui est encore plus probant, ce sont les tablettes assyriennes avec des notes marginales en araméen. Ces tablettes sont en général des contrats, et les notes donnent en araméen le nom des personnes intéressées, ainsi qu'un court résumé du contenu de la tablette (1). L'une des plus anciennes date du règne de Senna‑chérib (687 avant J. C.). On donne le nom du vendeur qui possède trois boutiques. La note marginale est destinée à ceux qui ne savent pas le cunéiforme officiel. Elle est dans la langue et l'écri‑ture dont ils se servaient chaque jour. Il reste un assez grand nombre de ces contrats qui vont jusqu'à l'époque perse.

Ces contrats nous montrent donc d'une manière évidente l'exis‑tence simultanée de deux formes de langue, l'ancienne langue écrite en cunéiforme, et la langue populaire, le démotique méso‑potamien avec son écriture nouvelle.

Ici encore, comme pour le démotique, nous voyons la langue populaire apparaître tout d'un coup avec son écriture toute formée. Ce n'est pas à dire qu'elle n'existât pas longtemps auparavant, en tout cas ce devait être la forme du langage dans la bouche du peuple, bien avant qu'il fût mis par écrit. C'est l'opinion de M. DE VOGÜÉ qui ne sépare pas la langue, d'avec le peuple araméen et qui s'exprime ainsi : «les écrits bibliques nous enseignent que depuis la plus haute antiquité les Araméens ont occupé la partie nord de la Palestine, la région de Damas, les rives de l'Euphrate et une partie de la Mésopotamie. Nous savons par les inscrip‑tions que la langue araméenne s'étendait même sur le pays qui sépare l'Arabie de la Palestine, qui est aujourd'hui une partie de la province du Hedjaz, et dont la capitale Teima était une très ancienne place de commerce où les marchands qui allaient de l'Arabie du Sud en Asie et en Egypte apprenaient l'araméen».(2) M. DE VOGÜÉ croit pouvoir affirmer que les Ismaélites, même les Hébreux, toutes les nations nomades qui erraient entre le Nil‑et l'Euphrate, parlaient l'araméen, et en particulier les Madianites. Les caravanes qui fréquentaient le marché de Teima pour aller de là en Syrie, en Palestine et sur les bords de l'Euphrate, répan‑

(1) DELAPORTE, Epigraphes araméens.
(2) Corpus Inscriptionum Semiticarum. Pars secunda. Inscriptiones aramaicae. Tomus·I Prooemium.

dirent si bien dans ces pays la langue araméenne, qu'elle devint
la langue commune à l'usage du commerce. C'est de cette manière
qu'elle arriva en Chaldée, en Babylonie, et, par les Araméens qui
occupaient la Mésopotamie, en Assyrie.

L'introduction de l'araméen dans ce dernier pays doit remonter
très haut puisque M. de Vogüé nous dit que c'était la langue de
l'endroit qu'habitait Abraham et du patriarche lui-même lorsqu'il
partit pour le pays de Canaan.

Malgré la grande autorité qui, en ces matières, s'attache à l'opinion de M. de Vogüé, qu'il me soit permis d'en appeler au principe qui tend de plus en plus à prévaloir en philologie sous
l'influence de l'ethnologie, c'est à dire de séparer le langage d'avec
le peuple qui le parle, et de ne pas considérer la langue comme la
propriété exclusive d'un peuple dont elle définit et marque le
caractère. Consultons aussi les anciens, ils nous disent que pour
eux la classification des langues est avant tout géographique.
Araméen, *aramith,* ne veut pas dire autre chose que langue parlée
dans l'Aram, ou par les habitants de l'Aram. Cette définition
est complètement différente de celle des philologues modernes,
pour qui araméen veut dire : langue ayant une certaine écriture
et certains caractères linguistiques.

Aram est une région très vaste qui comprend la plus grande
partie de la Mésopotamie, en particulier le territoire compris
entre le Tigre et l'Euphrate dans la partie supérieure de leur
cours, ce que l'Ancien Testament appelle Aram Naharaim, Paddan
Aram, ou la plaine d'Aram, trois noms que l'on ne considère
pas comme synonymes; la Syrie proprement dite jusqu'à l'Amanus,
et même, d'après M. Schiffer, le nord de la Palestine.

D'où vient le nom d'Aram? c'est là une question fort discutée
entre les assyriologues et sur laquelle nous n'avons pas qualité
pour nous prononcer. Mais il semble que cette vaste région qui
comprend une grande partie de l'Asie occidentale devait être
occupée par un grand nombre de peuples qui n'étaient pas de
même race, et qui avaient des origines différentes. Nous avons
peine à croire que Panammu et ses sujets du royaume de Samál

fussent le même peuple que les émigrants d'Arabie qui occupèrent la Basse Chaldée (1) à une époque très reculée. Aram comprenait des royaumes différents, la Bible en mentionne plusieurs : Aram Tsobat, Aram de Damas, Paddan Aram, Aram Naharaim. Il semble difficile de considérer les Araméens comme un peuple ayant jamais formé une unité politique. C'est bien plutôt un groupe ethnique comptant un grand nombre de tribus, ou, si l'on veut, de peuples différents, comme seraient de nos jours les Bantous.

Il y a cependant chez les peuples de l'Aram un élément commun, c'est la langue écrite, celle qui servait à leurs rapports entre eux, et cette langue, c'est le cunéiforme sumérien d'abord, qu'on trouve surtout dans la Basse Chaldée, puis le cunéiforme akkadien ou babylonien qu'on rencontre partout depuis Suse jusqu'en Asie Mineure et en Palestine. C'est par là qu'ont commencé les populations de l'Aram, par une écriture qui avait conservé de faibles traces de son caractère idéographique et qui n'était pas une écriture véritable : c'était une impression faite au moyen d'un style, laquelle ne s'adaptait pas aux lignes recourbées ni aux formes que doit prendre un alphabet. Cette écriture et la langue qu'elle reproduit n'avaient nullement éliminé les dialectes parlés dont il devait y avoir un grand nombre. Nous ne pouvons comparer le cunéiforme qu'à l'écriture hiéroglyphique qui régna seule pendant bien des siècles.

Tout d'un coup, vers le 8me siècle, nous voyons surgir une écriture et une langue qui devint promptement la langue des relations commerciales et qui se répandit rapidement là où elle avait été précédée par le cunéiforme. C'est l'araméen, *aramith.* L'opinion généralement adoptée considère cette langue comme étant la propriété du peuple Araméen, qui l'avait implantée dans tous les pays où il s'établissait par conquête ou par immigration.

A cette opinion, il y a plusieurs objections à faire. Et d'abord si cette langue est celle du peuple araméen, comment se fait-il

(1) KRAELING, Aram and Israel, p. 14 et suiv.

qu'il n'en reste aucune trace avant le 8me siècle? Les Araméens
qui occupaient la Basse Chaldée, ou les contemporains d'Abraham
à Charan dans l'Aram Naharaim, comment n'ont-ils laissé aucun
monument de leur langue, quand nous avons à profusion des
tablettes cunéiformes de ces époques?

Puis comment se fait-il que l'araméen ne paraisse au début
que là où avant lui a régné le cunéiforme? Si le roi de Ninive
Sennachérib a soumis les Araméens qui habitaient dans le voisinage de sa capitale, n'est-il pas étrange que cet araméen, qu'on
trouve d'abord accolé au cunéiforme assyrien sur les poids ou
les contracts, soit devenu la langue courante du roi, qui se servait cependant du cunéiforme pour les inscriptions historiques?
Car quand les officiers d'Ezéchias menacé par Sennachérib disent
au Rabsaké, l'envoyé assyrien : « Parle à tes serviteurs en araméen,
aramith, car nous le comprenons, et non le judaïque», cela revient
à dire : Parle-nous ta langue, car nous la comprenons, et non
le dialecte de Jérusalem.

Il y a donc deux langues écrites dans l'Aram depuis le 8me siècle
ou même peut-être depuis le 9me, (1) et la seconde, celle qui paraît
à cette époque, a un caractère plus populaire que l'ancienne; et
comme elle était beaucoup mieux adaptée aux relations commerciales, elle se répandit dans l'Asie occidentale et devint la κοινή,
la langue écrite qui remplaça souvent le cunéiforme sans cependant l'éliminer. On tenait même à le conserver pour des documents importants, puisqu'encore dans des contrats du 7me siècle
il est stipulé que ce que nous appellerions la légalisation se fera
en assyrien et en araméen. Il peut même arriver que l'original
soit en araméen.

Le parallélisme avec ce qui se passe en Egypte est si complet
que je ne puis n'empêcher de croire qu'il en a été de même dans
l'Aram. Tout d'un coup, changement brusque dans l'écriture et
dans la langue, sans que nous puissions indiquer à quelle occasion ce changement a eu lieu, ni quel est le pays ou la ville d'où

(1) SCHIFFER, Die Aramäer, p. 180.

il est parti. Car il a dû se produire d'abord dans une localité restreinte, et de là gagner rapidement partout où jusqu'alors on n'avait écrit que le cunéiforme. L'araméen ne semble-t-il pas absolument être pour le cunéiforme ce que le démotique est pour les hiéroglyphes, une évolution prompte et autochthone et qui n'est point produite par une invasion étrangère? Sans doute, l'araméen était parlé depuis longtemps quand même il n'est écrit qu'au 8me ou 9me siècle. De même, le démotique était une langue populaire peut-être des siècles avant le moment où nous le voyons écrit pour la première fois.

En raison du caractère spécial de la langue égyptienne et de son écriture, le démotique ne pouvait pas se répandre au dehors, tandis que l'araméen finit par couvrir une grande partie de l'Asie occidentale. Qu'il fût originaire de l'Aram, cela ne fait pas question, son nom l'indique. Et l'on finit même par appeler Araméens ceux qui parlaient cette langue, comme par exemple les Juifs d'Eléphantine.

Quand les habitants d'Aram changèrent leur écriture, ils adop-tèrent un principe tout différent de celui sur lequel reposait l'écriture ancienne. Et pour cela ils eurent recours aux Sémites de l'Ouest, aux Phéniciens. L'alphabet araméen ancien diffère peu du phénicien, plus tard il s'en éloigna toujours plus, comme aussi le démotique a modifié sa forme primitive qui se rappro-chait de l'hiératique. Les Araméens firent en une fois ce qui pour les Egyptiens représente deux étapes, le démotique et le copte. Ils y furent obligés par la nature même de l'écriture cunéiforme, qui ne pouvait être d'un usage courant. Il fallait un alphabet beaucoup plus maniable, qu'on pût écrire sur toute espèce de matière. Ils empruntèrent à leurs voisins un alphabet qui devint celui de la langue populaire. En cela, ils ont devancé les Egyp-tiens qui, pour le démotique partant d'une écriture figurative, surent bien dénaturer la figure au point de la rendre mécon-naissable, mais conservèrent encore certains traits anciens tels que le déterminatif. Plus tard, lorsqu'il fallut traduire dans la langue populaire les Saintes Ecritures, on reconnut que l'alphabet

démotique s'y prêtait mal, surtout lorsqu'il s'agissait d'intro*
duire dans le texte des mots grecs, aussi l'on recourut à l'al*
phabet grec qu'on adapta à l'égyptien en y ajoutant six carac*
tères. Ce fut donc simplement un changement d'écriture, l'em*
prunt d'un alphabet étranger tout à fait indépendant de la
langue.

C'est là ce qui a été fait d'emblée pour l'araméen. L'écriture
cunéiforme ne pouvant pas être modifiée en raison de sa nature
même, on adopta une écriture étrangère. Comme pour le copte,
l'élément étranger consisterait dans l'écriture seule. La langue
serait indigène, celle du peuple, laquelle au cours des siècles
s'était modifiée et n'avait plus la forme ancienne traduite par les
textes cunéiformes, celle de la langue littéraire.

Cette langue populaire écrite peut avoir aussi conservé ici et
là des traces du dialecte de la langue parlée. Ainsi l'inscription
de Zakir roi de Hamath, dont M. Pognon, qui l'a découverte
et commentée, dit que l'on y trouve des mots hébreux et des
tournures hébraïques parce qu'elle vient d'une région où l'on a
parlé des dialectes sémitiques appartenant au groupe palestinien (1).
Il en était déjà de même dans la langue littéraire cunéiforme.
Les tablettes de Tel el Amarna contiennent aussi des mots qu'on
appelle hébreux, c'est à dire appartenant au dialecte sémitique
qu'on parlait alors dans le pays.

Cela est encore plus frappant à propos des inscriptions de
Panammu et de Bar*Rekub, deux Araméens de race d'après
M. Schiffer. Contrairement à Sachau, M. Pognon ne considère ni
l'une ni l'autre comme araméennes.

Chose curieuse, les écritures populaires apparaissent à peu près
à la même date en Asie et en Egypte. Et, sauf que les Egyptiens
conservèrent une écriture moins développée que celle des Méso*
potamiens, on peut dire que le parallèlisme entre les deux pays
est si complet, qu'il semble qu'on puisse affirmer que ce qui se
passa dans l'un arriva aussi dans l'autre, et que l'araméen est,

(1) Inscriptions sémitiques de la Syrie, de la Mésopotamie, p. 156.

comme le démotique en Egypte, l'évolution autochthone de la langue littéraire devenant langue populaire écrite.

Mais, je ne saurais assez le répéter, ce n'est là encore qu'une suggestion à laquelle j'ai été conduit en partant d'Egypte, et dont je laisse aux spécialistes sémitisants à apprécier la valeur.

CHAPITRE IV.

LE COPTE.

La phase finale de la langue égyptienne a été le copte, par lequel elle a terminé son existence. Et ici il faut corriger une erreur encore trop répandue. Il n'y a pas proprement de langue copte, il n'y a pas de ce langage un type unique qui ait prévalu au début, et auquel les différentes parties de l'Egypte se soient ralliées avec le temps. Il n'y a que des dialectes coptes, c'est à dire des idiomes rattachés à différentes parties du pays, et dont aucun n'a réussi à établir sa domination avant que la langue indi= gène fût devenue langue morte.

Le copte ne se compose que de dialectes parce que c'est la langue populaire, celle qui jusqu'alors n'était que parlée, et ne se trouvait dans aucun écrit, car même dans le démotique on ne peut pas constater la variété qu'on rencontre dans la nouvelle forme de langage. C'est la reproduction exacte de ce que disaient les habitants de Memphis, de Thèbes, ou du Fayoum. On com= prend donc qu'à mesure que l'Egypte est mieux explorée et que les fouilles mettent au jour de nouveaux documents, le nombre des dialectes connus augmente. Jusqu'il y a peu d'années encore on en comptait trois, le Memphitique, le Thébain, et celui qu'on nommait le Baschmourique, et qu'on croyait avoir été parlé dans la partie orientale du Delta. Les dernières recherches ont montré que ces noms n'étaient pas exacts. Le dialecte de la Haute Egypte appelé autrefois Thébain se parlait dans un rayon étendu aux alentours de cette ville; on le nomme aujourd'hui Sahidique. De même pour celui de Memphis, qu'on désigne d'après le nom de la province par dialecte Boheirique. Le troisième n'est pas celui de l'Orient du Delta, mais celui de la Moyenne Egypte ou Fayou=

mite. Tout dernièrement on a encore découvert un quatrième, celui d'Akhmim, l'ancien Chemmis ou Panopolis. Il n'est pas impossible qu'il en paraisse un cinquième si quelque fouille heu= reuse atteint les archives d'un couvent ou de quelque établisse= ment religieux jusqu'ici inexploré.

Les Coptes sont appelés *Kubt* par les Arabes. Ce nom est évi= demment dérivé d'*Αἴγυπτος, Αἰγύπτιος*, et il a toujours désigné Egyptiens devenus chrétiens. Car c'est avec l'apparition du chris= tianisme en Egypte qu'est née la langue copte. Ici encore nous avons une transformation dans la langue, et un changement com= plet de l'écriture que nous pouvons assigner à une date connue, et qui cette fois=ci encore n'est pas venu d'une transition lente et insensible.

La tradition veut que ce soit l'apôtre St. Marc qui ait apporté le christianisme en Egypte, et qui ait fondé l'Eglise d'Alexandrie, dont le premier patriarche fut Ananius, nommé par St. Marc lui= même (1). A Alexandrie où les juifs en grand nombre parlaient grec et avaient la traduction en grec de l'Ancien Testament, celle des Septante, une version égyptienne des Evangiles n'était pas une nécessité absolue. Mais il n'en était pas ainsi tout le long de la vallée du Nil où le christianisme se répandit très rapide= ment jusqu'en Thébaïde. Quand, à la fin du second siècle, des évêques furent choisis, et qu'il fallut enseigner en égyptien la doctrine nouvelle, il ne fut plus possible de se passer d'une tra= duction des Livres Saints dans la langue du pays. Déjà, en effet, on avait vu surgir des hommes comme l'abbé Frontonius, vivant sous Antonin le Pieux, qui avait rassemblé autour de lui quelques dévots, lesquels, voulant quitter le monde, avaient été s'établir ensemble dans ce qui est maintenant le Wadi Natron, où ils menaient une vie très austère. Il semble qu'ils devaient avoir au moins une partie des Livres Saints dans leur langue.

Cette tendance à la vie monastique s'était déjà manifestée avant le fondateur de la règle, St. Antoine, qui naquit aux environs de

(1) Voir à ce sujet BUDGE, Coptic Biblical Texts in the Dialect of Upper Egypt, Introduction p. LXXII et suivantes.

250 en Haute Egypte. Il était fils de parents qui possédaient un grand domaine agricole. Lorsqu'à leur mort il en hérita, il suivit à la lettre un des passages de l'Ecriture, vendit sa propriété et donna aux pauvres le produit de cette vente. Il était Egyptien de race, et à ce que dit son biographe St. Athanase, il ne pouvait apprendre les lettres, ce qui, comme le soutient le Dr Budge, veut dire qu'il ne put pas apprendre le grec, et qu'il ne savait que l'égyptien.

St. Antoine est généralement considéré comme l'organisateur et le législateur de la vie monastique en Egypte. Cependant, avant lui, il est incontestable qu'il y avait déjà bon nombre de moines vivant dans les déserts, en particulier Paul l'anachorète qui, fils de parents riches, avait reçu une éducation grecque et égyptienne. On ne connaît pas exactement la date de sa mort qui doit être vers 250. Il n'est pas impossible qu'il ait collaboré en quelque manière à la traduction de l'Ecriture en égyptien.

Cette traduction devait être déjà faite, au moins en partie, et dans un dialecte au moins, quand St. Antoine était jeune, car on nous dit qu'alors, c'est à dire vers l'an 270, il allait à l'église de son village où chaque dimanche on lisait l'Evangile dans une langue que le peuple comprenait, et qui ne pouvait être que l'égyptien. Plus tard, on sait qu'il acquit une connaissance étendue des Ecritures, et quand vers l'an 300 des moines en grand nombre se réunirent autour de lui, on entendait dans leurs cellules chanter des psaumes et des cantiques qui devaient être en égyptien, car le saint lui-même ne savait pas le grec. Lorsque des Grecs venaient le consulter, il était obligé de recourir à un interprète pour traduire leurs questions et ses réponses.

Au quatrième siècle, nous connaissons les noms de plusieurs religieux qui avaient une connaissance approfondie des Ecritures. Dans certains monastères comme celui de Tabenna près de Dendérah, où étaient réunis environ 1300 moines, et qui fut fondé vers 320 par Pachome, un Egyptien qui ne savait pas le grec, la règle était pour chaque moine de réciter chaque jour une partie du psautier d'après des copies faites par l'écrivain du couvent, copies qui étaient certainement en égyptien.

Il existe au Musée Britannique un manuscrit renfermant quatre livres de l'Ancien et du Nouveau Testament. A la fin du Livre des Actes est un appendice écrit en langue copte, mais en écriture cursive grecque, dont la date ne peut pas être fixée plus tard que 350. Le texte de ce manuscrit montre clairement que c'est la copie d'une traduction plus ancienne. Ce fait venant s'ajouter aux renseignements qui nous sont fournis surtout par la vie de St. Antoine, prouve au Dr Budge, qui est d'accord avec Schwartze, Lightfoot et Hyvernat, que les débuts du copte doivent être placés vers 200 ans après J. C.

Si l'on considère la rapidité avec laquelle le christianisme se répandit en Egypte, et l'absence d'un chef autre que le patriarche d'Alexandrie, qui aurait réglé tout ce qui concernait le culte, et exercé l'autorité suprême sur toute l'Eglise, d'Assouan à la mer, on comprendra la manière bizarre dont a été faite la traduction de l'Ecriture, et surtout l'absence d'unité du langage copte qui caractérise les premiers essais.

Alexandrie était une ville grecque, et il est probable que les chrétiens de cette ville, qui furent en tout premier lieu des Juifs convertis, parlaient grec et se servaient pour l'Ancien Testament de la traduction des Septante, et pour le Nouveau du texte original. Mais il ne pouvait pas en être ainsi dans le reste du pays et surtout en Haute Egypte, où l'usage du grec devait être beaucoup moins répandu. Aussi il semble bien que le dialecte Sahidique soit le plus ancien et se soit développé le premier. Mais il ne pouvait rester seul. Ce que nous voyons en Egypte en dehors d'Alexandrie, ce sont des anachorètes réunissant autour d'eux des disciples; des couvents en grand nombre qu'occupaient les gens du pays, desquels même les plus marquants, ceux qui ont eu de l'influence sur leur milieu, les Antoine et les Pachome, ne connaissaient pas le grec, et devaient nécessairement avoir les Ecritures dans la langue du pays.

Et comme ces solitaires ou ces couvents étaient répandus dans toute la contrée, ce qui importait avant tout, c'est qu'ils eussent les Ecritures dans le langage que parlaient ceux au milieu desquels ils habitaient. C'est pourquoi il y a plusieurs traductions des Saints Livres en égyptien, et il y a plusieurs dialectes coptes qui ne sont que la reproduction de ce qu'on parlait dans les différentes parties de l'Egypte. Les traducteurs égyptiens n'ont pas fait une œuvre unique, ils n'ont pas fait un livre à l'usage de toute l'Egypte, livre émanant d'un auteur ou d'un petit groupe, et qui se serait imposé à tous les chrétiens de la vallée du Nil. Il en a été tout autrement que dans les temps modernes, par exemple à l'époque de la Réforme. Encore aujourd'hui les peuples de langue allemande usent de la Bible de Luther écrite dans le dialecte saxon. Et pourtant maintenant comme au 16me siècle, les peuples qu'on désigne sous le nom d'Allemands de langue, parlent un grand nombre de dialectes souvent fort différents de celui de Luther qui est devenu la langue littéraire; quand ce ne serait que dans les cantons de la Suisse alémanique. Ils se servent tous de la même Bible, il n'y a pas une Bible de Berne et une autre de Zurich et d'Appenzell, comme ce serait le cas si les réformateurs avaient jugé qu'il ne suffisait pas d'avoir un texte unique dans les pays de langue allemande. Il en est de même dans les pays de langue française ou anglaise.

On peut supposer que les premiers missionnaires vinrent d'Alexandrie. Ceux-là devaient savoir le grec et l'égyptien, et avoir une culture suffisante pour leur permettre de parler et d'écrire dans les deux langues, mais très vite l'élément égyptien prit le dessus, et de vrais Egyptiens entreprirent de traduire les écrits qui étaient à la base de la nouvelle religion.

Il est probable que ces traductions ne furent pas simultanées. Elles paraissent bien avoir commencé en Thébaïde par le Sahidique, et à Akhmim, les autres parties de l'Egypte suivirent l'exemple, et mirent l'Ancien et le Nouveau Testament dans la langue qu'on parlait chez eux. Il a dû se passer quelque chose d'analogue à ce que nous avons avancé pour l'écriture hiéro-

glyphique et pour la création du démotique. L'adoption de l'al=
phabet grec et l'adjonction d'un certain nombre de caractères a dû
se produire en un point déterminé, dans une région de l'Egypte,
et se répandre de là dans la vallée du Nil. Ce n'est pas le résul=
tat d'un accord entre les représentants des divers établissements
religieux, d'une décision portant sur l'ensemble du christia=
nisme égyptien. C'est un mode de faire inauguré dans une
localité ou une région déterminée, et qui bientôt a été imité
au dehors.

La base du travail des premiers traducteurs a été l'adoption
de l'alphabet grec. Ceux qui ont fait cette innovation n'étaient
pas des Aristarques; ce qui les préoccupait ce n'étaient pas les
règles de la grammaire, encore moins les finesses philologiques
et les lois rigides que les savants modernes ont quelquefois im=
posées aux langues anciennes, et dont la violation ne saurait être
permise. Ce que les anciens interprètes des livres saints recher=
chaient avant tout, c'était d'être compris de ceux auxquels ils
s'adressaient. Pour cela, il fallait employer leur langue, les expres=
sions que leurs auditeurs avaient à la bouche, sans s'embarrasser
de ce que ces expressions n'étaient pas toujours conformes aux
exigences des grammairiens, s'il y en avait dans ce temps=là, ou
des scribes habiles que mentionnent les papyrus.

Néanmoins, d'emblée ils se virent contraints de faire un change=
ment considérable, d'adopter une nouvelle écriture venue de
l'étranger, et tout à fait différente par sa forme et sa nature de
celle qui était en usage dans le pays. La seule qui jusqu'alors
reproduisait la langue populaire était le démotique. On com=
prend facilement les raisons qui les empêchaient d'y recourir.
En premier lieu, il n'était pas facile à déchiffrer ni à apprendre,
et il est bien probable qu'il ne fut jamais très populaire, bien
moins encore que l'arabe vulgaire parmi les Egyptiens de notre
temps. Combien au contraire l'écriture grecque était plus com=
mode et plus facile, par son petit nombre de caractères d'une
valeur fixe et invariable, tandis que beaucoup de signes démo=
tiques avaient plusieurs lectures différentes.

Puis il y avait certaines particularités de l'écriture égyptienne qu'il était difficile de faire concorder avec ces écrits qui introduisaient des idées nouvelles, et incompatibles avec ce qu'acceptait l'ancienne religion. Les noms des dieux en démotique sont des sigles dont il faut connaître l'interprétation. Quel sigle inventerait-on pour le nom de Jésus-Christ? et si ce nom était écrit en caractères phonétiques, quel serait le déterminatif qu'il faudrait y adjoindre? On ne pourrait pas employer les mêmes que pour Horus et Amon. N'était-il pas plus simple de conserver le nom sous sa forme grecque, en l'écrivant avec des caractères grecs?

En outre, il y a un nombre considérable de mots grecs qui se traduisaient mal, ou qui ne se traduisaient pas en égyptien. Pour ceux-là, il était nécessaire de conserver l'écriture originale. Enfin il y a bon nombre de mots grecs qui ont été reproduits en copte, plus ou moins dénaturés dans la forme, tels qu'on les entendait, et sans qu'il soit fait aucune attention dans le mot qu'on transcrit, au cas ou au nombre, si c'est un substantif; au temps et à la personne, si c'est un verbe.

En dehors des noms et des verbes, les traducteurs ont cherché à combler dans leur langage une lacune qui frappe dans les anciens textes égyptiens et même dans le démotique, c'est le manque de conjonctions, qui ne sont qu'en très petit nombre. Les rapports des phrases entre elles ressortent des textes, mais très souvent ne sont pas exprimées du tout, ou bien le sont par des périphrases ou des auxiliaires. Aussi a-t-on adopté telles quelles bon nombre de conjonctions grecques telles que ΓΑΡ, ΔΕ, ΑΛΛΑ, ΚΑΙ, ΚΑΙΠΕΡ, ϨΙΝΑ, ϨΩC, ϨΩCΤΕ, ou des adverbes ΤΟΤΕ, ΑΡΑ, ΕΤΙ, ΜΗΠΩC, ΟΥΔΕ, ou même des prépositions comme ΚΑΤΑ, ΠΑΡΑ et d'autres.

Tous ces mots grecs auraient été fort difficiles à rendre en démotique, en raison même de la nature de l'écriture égyptienne. Nous avons insisté précédemment sur ce que l'écriture égyptienne ne pouvait être lue que par des gens sachant la langue. Eux seuls, aidés par les déterminatifs, pouvaient donner à un signe ou à un groupe de signes sa valeur véritable. Mais lorsqu'il s'agissait d'un mot étranger il n'en était plus de même. S'il était écrit par un signe polyphone comme il y en a un grand nombre en démotique, quelle valeur donner à ce signe, quand le mot n'appartenait pas à la langue du pays, et n'était sans doute pas connu du lecteur? Aussi pour différentes raisons le changement d'écriture s'imposait, et il était nécessaire d'avoir une écriture purement alphabétique, et dans laquelle l'élément figuratif, dont il restait encore quelques faibles traces dans le démotique, fût complétement éliminé. Il fallait encore que la polyphonie n'existât plus et que chaque signe eût une valeur unique et invariable.

Aussi les traducteurs n'hésitèrent pas à adopter l'alphabet grec qui était d'un usage courant et facile à apprendre. On se repré= sente que les scribes des couvents chargés de copier les livres n'étaient pas toujours des hommes de haute culture, ni même ayant une éducation littéraire soignée. Ce pouvaient être, surtout au début, des hommes du peuple qui, ayant embrassé le chris= tianisme, apprirent à écrire de manière à être capables de repro= duire les livres sacrés. Et même il n'est pas certain qu'ils suivis= sent fidèlement le modèle du premier traducteur. Ce qui les guidait avant tout, c'était l'oreille, c'était ce qu'ils entendaient. Cela ex= plique les différences qu'on trouve entre les manuscrits, surtout dans les voyelles. Beaucoup de ces divergences sont dues moins aux divergences de dialectes qu'au copiste, qui rendait le son que le mot avait pour lui, sans qu'il se préoccupât des règles de l'orthographe, que personne n'avait établies, et qui selon toute probabilité ne lui avaient été enseignées que d'une manière très sommaire.

Revenant aux premiers traducteurs, ainsi que nous le disions, ils furent obligés d'adopter pour la langue populaire l'alphabet grec dans son entier, d'ⲁ à ⲱ. Il est à remarquer, cependant, que toutes les lettres grecques ne furent pas employées dans les mots égyptiens, ainsi le Γ et le ⲇ, ⲍ, ⲝ, ⲯ, ne se trouvent que dans des mots grecs. Les aspirées ⲑ, ⲫ, ⲭ, quoique n'étant pas d'origine égyptienne, ont cependant pris place dans les mots égyp= tiens. ⲑ représente souvent le ⲧ devant une aspirée comme ⲋ, ainsi ⲐⲈⲒ pour ⲦⲖⲈⲒ *faire tomber*, ⲐⲎ pour ⲦⲖⲎ *la face*, ⲐⲈ pour ⲦⲖⲈ *la manière*. De même les deux autres aspirées ⲫ et ⲭ sont des variantes graphiques pour ⲠⲌ et ⲔⲌ. Elles sont surtout em‹ ployées dans le dialecte boheirique, tandis que le sahidique con‹ serve souvent pour les deux lettres les valeurs ⲡ et ⲕ.

Les caractères nouveaux et purement égyptiens sont au nombre de cinq pour le sahidique et de six pour le boheirique. Ils sont tous de légères modifications des signes démotiques correspon‹ dants.

Le ⲩ *shai* est la reproduction presque exacte du démotique, c'est une chuintante qui n'existe pas en grec.

Le ϥ *fai* dérivé de ⲭⲱ est le son *f* qui ne semble pas différer de ⲫ. Cependant ce dernier est surtout employé dans le dialecte boheirique comme étant l'aspiration du ⲡ qu'on retrouve dans le sahidique. Dans les manuscrits d'époque tardive ϥ est quelque‹ fois remplacé par ⲫ.

Le ⲍ *huri* est une aspirée qui remplace les deux ꙮ et ꙭ de l'écriture hiéroglyphique. Dans les transcriptions du grec, il repré‹ sente l'esprit rude ⲌⲒⲚⲀ ἵνα, quelquefois l'esprit doux, mais plus rarement, ainsi ⲌⲀⲢⲀ qu'on trouve aussi écrit ⲀⲢⲀ.

Le ⲭ *djandja* est une lettre exclusivement égyptienne qui cor‹ respond aux hiéroglyphes ⟨hiér.⟩ et ⟨hiér.⟩. C'est une articulation que nous pouvons exprimer par *dj*, ou *dsh*. Le ⲭ à l'origine est une dentale et il a conservé cette valeur dans le dialecte sahidique, mais il n'a pas tardé, surtout dans le dialecte boheirique, à se confondre avec le ⲋ *ghime* qui à l'origine est une gutturale, un intermédiaire entre le son *g* et *k*, qui devait se rapprocher de *gh*. Il correspond à l'hiéroglyphe ⟨hiér.⟩ qu'on transcrit souvent par *g* tandis que LEPSIUS le considérait comme un *k* quelque peu affaibli, car il est souvent remplacé par ⟨hiér.⟩ ou ⟨hiér.⟩.

Entre ϥ et ⲍ les Boheirites ont placé le ⲋ *chei*, qui équivaut au ﺥ des Arabes; c'est une gutturale plus forte que le ⲍ qui le remplace en général dans le sahidique. Le dialecte d'Akhmim découvert récemment a une lettre de plus, le ⳋ qui correspond au ⲋ boheirique et au ⲍ sahidique, et quelquefois dans les deux dialectes au ꞇ). Cela indique une différence de prononciation spéciale à la Haute Egypte.

Ces variantes dans les lettres sont une preuve de plus que ce qu'on a recherché dans le copte, c'est avant tout à reproduire ce qu'on entendait, le langage qu'on parlait, avec le son qu'avaient les lettres et les mots, et non ce qu'on est convenu d'appeler la grammaire historique, c'est à dire la forme que les mots doivent avoir suivant les règles établies par les philologues de notre temps.

En copte, il y a des voyelles. Stern, à qui nous devons une grammaire copte qui est le résultat d'une étude approfondie de la langue, et qui est certainement le traité grammatical le plus complet et le plus scientifique qui ait été écrit jusqu'ici, nous dit que les divers sons vocaliques du copte correspondent aux lettres 𓄿 a 𓇋𓇋 i et 𓅱 u de l'ancienne langue; cependant «le vocalisme copte est tout à fait nouveau et différent. Ce n'est que rarement qu'il peut être expliqué par l'ancienne langue, dont l'écriture est pauvre dans l'indication de la prononciation des voyelles; au contraire, il obéit à des règles strictes de formation et d'accent».

Cette affirmation ne laisse pas que de nous étonner. Comment le vocalisme copte, comparé à celui de l'ancienne langue, peut-il être quelque chose de nouveau? et de tout différent? Que l'écriture soit une innovation, cela est certain; cette innovation était rendue nécessaire par la nature des écrits qu'il fallait rendre en égyptien, mais le passage au christianisme a-t-il produit un changement dans la langue elle-même? surtout quand il s'agit de la langue populaire? Le cas serait tout différent s'il s'agissait de la langue littéraire. On comprend que la traduction de la Bible par Luther interprétant les écrits sacrés dans son dialecte saxon ait fait de ce dialecte la base de la prose allemande, et ait par conséquent entraîné des modifications dans la langue littéraire d'alors. Mais pour le copte c'est tout le contraire, il n'y a pas eu cette traduction unique qui ait fait loi, il n'y a eu que la reproduction des divers dialectes répandus dans le pays, du langage d'un district qui n'était pas identique à celui du district voisin. Puis est-il juste de parler d'ancienne langue et de langue nouvelle? Ne faut-il pas bien plutôt parler de langue écrite littéraire, et de langue populaire mise par écrit telle quelle, sans qu'on l'adapte aux règles de la grammaire? Si l'on compare langue littéraire et langue parlée, on verra que celle-ci diffère surtout par la prononciation des voyelles. C'est là ce qu'on peut appeler l'élément nouveau qui est essentiellement variable, mais la langue parlée n'introduit pas tout un vocalisme qui n'aurait pas existé dans la langue littéraire.

Il paraît donc évident que si dans un mot copte nous trouvons des voyelles, nous pouvons être certains qu'il y en avait dans le mot écrit en hiéroglyphes, en tout cas dans la manière dont le mot se prononçait. Les voyelles peuvent n'avoir pas été toutes exprimées dans l'écriture, ce qui s'explique parce que l'écriture était au début figurative, et que les caractères alphabétiques ont été tout d'abord des syllabes ouvertes, des consonnes accompagnées d'une voyelle.

Dans la description que STERN fait des voyelles, il cherche à reconstituer ces règles auxquelles il nous a dit que le vocalisme copte était assujetti. Il nous semble au contraire que c'est l'absence de règle qui caractérise ce vocalisme, et qu'on y retrouve la même diversité que dans le langage parlé. La première voyelle qu'il considère, c'est l'Є, et il nous montre qu'il correspond à l'hiéroglyphe 𓄿 et aussi à l' 𓅱. Nous avons ici la confirmation de ce que nous avons reconnu dans l'écriture hiéroglyphique, c'est qu'il fallait séparer le signe de sa prononciation, qui pouvait varier suivant les mots à la même époque.

L'Є remplace souvent l'H ainsi que dans les inscriptions des vases grecs, surtout dans la transcription des mots comme ΑΝΑΘЄΜΑ. Plusieurs mots égyptiens s'écrivent avec l'une de ces deux lettres, même lorsqu'ils appartiennent au même dialecte : ϢΝЄ ou ϢΝΗ *jardin*, 2Є ou 2Η, CЄΝΤ ou CΗΝΤ et bien d'autres.

Є est quelquefois employé pour la diphthongue ΑΙ qui semble-t-il devait avoir le même son, ainsi ΑΙΚЄΟC pour le grec δίκαιος,

ЄTIN pour *αἰτεῖν*, ХАМЄΛЄШN (sah.), ХАМНΛЄШN (boh.) qui en grec s'écrit *χαμαιλέων* ou quelquefois *χαμηλέον*. On voit que l'écri‑ vain cherchait à rendre de son mieux ce qui frappait son oreille. C'est elle qui le guidait et non l'orthographe, et souvent il variait dans ses transcriptions, ainsi dans des versets qui se suivent on trouve ΠΡΟСЄΝΗΓЄ, ΠΡΟСЄΝЄΓЄ, et ΠΡΟСЄΝЄΓКЄ pour *προς‑ ήνεγκε* (Lévit. XI. 13, 15, 16).

La voyelle I représente l'hiéroglyphique ancien 𓏭, mais elle est très souvent remplacée par d'autres, surtout par l'Є, et très fréquemment au commencement des mots, au lieu de l'I simple, on trouve ЄI. Mais cette voyelle n'est point seule à reproduire le son I. L'itacisme était habituel dans tous les dialectes coptes, I, H, Y, ЄI, OI pouvaient avoir la même prononciation I. Stern nous dit que la valeur attribuée aux voyelles au moment où l'écriture copte a été adoptée est tout à fait indépendante de cet itacisme. Cela revient à dire ce que nous avons toujours considéré comme un principe fondamental, c'est qu'il faut séparer le signe de sa prononciation, et aussi qu'un signe vocalique peut avoir diffé‑ rentes prononciations. L'écrivain sait que les cinq lettres simples ou diphthonguées se prononçaient *i* et c'est le son *i* qu'il cherchait avant tout à reproduire sans se soucier beaucoup de ce que la grammaire ou l'orthographe lui auraient imposé un de ces signes. Voici par exemple le verbe 𓏭 ~~~~ qui veut dire *apporter, amener*. Dans le même dialecte il aura la forme ЄINЄ et INЄ. Nous ne savons quelle raison assigner au choix d'ЄI ou d'I pour rendre le même son *i*. Il n'y a là, nous semble‑t‑il, que l'habitude du scribe qui lui a fait écrire l'un plutôt que l'autre. Il en est de même pour d'autres voyelles. L'Y que les Coptes d'aujourd'hui appellent *ée* ou *he* paraît avoir eu une prononciation variée, ainsi l'on trouve en sahidique ВЄКЄ et ВYКЄ, où Y doit avoir un son rapproché de Є comme dans la transcription de certains mots grecs tels que ΠΟΛYΜΟС pour *πόλεμος*. ΠYΓΗ dans le même ma‑ nuscrit est écrit ΠΗΓΗ, 6ΤYΛΗ et СΤΗΛΗ, ΠΛYΓΗ et ΠΛΗΓΗ. Dans d'autres, au contraire, ce n'est qu'un I, КYВШΤΟС écrit aussi КIВШΤΟС, ΛYΜΝΗ écrit aussi ΛIΜΝΗ.

Dans d'autres cas, c'est l'Η qui prend la place de l'Υ grec, ainsi
ΛΗΠΕΙ qui dans le sahidique est écrit pour ΛΥΠΗ on trouve aussi
ΛΥΠΕΙ; ΚΗΚΝΟС boh., ΚΥΚΝΟС sah.; ΤΡΗΓΩΝ et ΤΡΥΓΩΝ. (1)

o se prononce presque toujours ΟΥ, et il est souvent transcrit
par ΟΥ, ΠΡΟΥС pour πρός. Il correspond dans un très grand
nombre de cas à l'𓅓. Dans le dialecte fayoumite il est souvent
remplacé par Λ.

ΟΥ, d'après STERN, ne peut être considéré comme voyelle que
devant ou après une consonne. C'est souvent une voyelle brève,
comme en français dans le mot *ouvrir*, et il peut arriver qu'il
soit remplacé par un Ε.

Ω *ō* est souvent remplacé par Λ; quelquefois deux voyelles
brèves équivalent à la voyelle longue; ainsi dans le même texte
on peut trouver ϬΕΡΟΟΒ et ϬΕΡΩΒ, ϢΩΠΕ et ϢΟΟΠ. Il semble
même que Ω n'ait pas toujours été prononcé *ō* long, puisque
le même texte écrit ΕΡΡΩΩΟΥ et ΕΡΡΩΟΥ. Dans les mots
comme ΧΩΧ, ΧΩΜΕ, ΩΤΠ, le Ω tient la place de l'hiéroglyphe
𓄿 qui est ici clairement une voyelle, et qui n'est pas autre chose.

D'après STERN, le copte a deux demi‑voyelles, l'ι et l'ΟΥ
«qui lorsqu'elles sont placées devant des voyelles, prennent la
prononciation *j* et *w*. Cependant les Coptes sont enclins à ne
leur donner qu'une prononciation vocalique, mais les lois de la
formation des racines contredisent cette manière de voir». Ici
nous pouvons constater ce qui se passe dans un grand nombre
de langues, ce que nous avons reconnu dans l'ancien égyptien.
L'*i* et l'*ou* ont une tendance à devenir *i consonne, j*, et *ou con‑
sonne, w, v* ou même *b*. Nous le voyons même en français, où il
y a aussi désaccord entre la prononciation et la formation du
mot, ainsi *oui* a une demi‑aspiration, on dit *le oui*, mais on peut
écrire *je crois qu'oui*, où l'*e* muet est élidé. En revanche, dans les
mots *ouïr* et *ouïe*, quoique les grammairiens nous disent qu'il y
a une demi‑aspiration, on élide toujours l'*e* muet dans l'écriture

(1) L'une des transcriptions les plus bizarres que j'aie rencontrées, c'est
ΛϤΠΥССΕ (Gen. XIII. 3. Sah.) qui est un passé où ΠΥССΕ est ποίησε. Le bohei‑
rique li ici ΧΗ.

et la prononciation, on n'écrit pas autre chose que *l'ouïe* et *j'ouïs*
(Littré). Il en est de même en copte, quoique les règles philo=
logiques enseignent qu'OY est une demi=consonne, la prononcia=
tion dans un très grand nombre de cas n'en fait qu'une voyelle.

Il existe en copte plusieurs diphthongues. Mais d'après Stern,
elles sont produites par les demi=voyelles I. Y, et OY précédées
d'une voyelle. «On peut difficilement reconnaître jusqu'à quel
point les deux lettres se sont fondues dans la prononciation.»
Il me semble que dans cette affirmation Stern fait une règle géné=
rale de ce qui n'est que l'exception. Que dans certains cas il y
ait lieu de séparer le groupe en demi=voyelle et voyelle, nous
ne songeons pas à le nier, mais pour un très grand nombre de
ces diphthongues on ne peut reconnaître qu'un phonème unique
dont la prononciation diffère de celle de chacune des lettres qui
les compose. Ainsi, quand ΛI est remplacé par Є il est clair
qu'il avait la même prononciation, le rapprochement de l'Λ et
de l'I produisait le son Є *e* comme en français, et il n'y a pas
lieu de distinguer une voyelle et une demi=voyelle. De même,
on peut supposer que trois voyelles accolées formaient un pho=
nème unique, par exemple le mot *stèle* s'écrit OYЄIT ou OYOЄIT,
il est naturel de supposer que la prononciation était la même avec
les deux orthographes, OЄI devait avoir un son tout analogue à
celui de ЄI sans que l'o modifiât beaucoup le son. Il pouvait en
être de même qu'en français, où la triphthongue *eau* sonne exacte=
ment comme la diphthongue *au*, dans *autre* et *épeautre*; ou, et
ici l'analogie avec le copte est encore plus frappante : *bœuf* sonne
exactement comme *neuf*, *œu* et *eu* dérivant tous deux d'un *o*
bref suivi d'un *v*. Il s'est produit en copte un fait qui a été re=
connu dès longtemps dans les langues romanes et d'autres langues
modernes, c'est celui du dédoublement et de la diphthongaison
des voyelles; ainsi le mot *pes* est devenu en italien *piede*, en
français *pied* et dans le langage populaire de Genève *piaute*.
De même *ovum* est devenu *œuf* et cependant l'o ne paraît en
rien dans la prononciation et semble n'être là que pour rappeler
l'origine du mot. Les dialectes allemands suisses sont particulière=

ment riches en dédoublements de ce genre, *gut* devenu *guet*, *Bube*, *Bueb* ou *Buob*, *suchen*, *suochen*. Les exemples abondent.

Voici par exemple le mot [hiéroglyphes] écrit aussi [hiéroglyphes] dont le démotique nous apprend que la prononciation était *uit*. Il est devenu en copte OYЄIT ou OYOЄIT. Qu'on appelle si l'on veut OY une demi-voyelle correspondant à l' [hiéroglyphe], la seconde voyelle est devenue ЄI ou OЄI dont nous ne savons pas la prononciation exacte, qui était peut-être *ouet*. Les Coptes Sahidiens d'aujourd'hui font d'OЄI un O. (1)

Mais de pareils dédoublements s'étaient déjà produits dans la langue hiéroglyphique. Voici par exemple le verbe [hiéroglyphes] (2) qui a dû être prononcé *šos*; dans un texte de date plus récente, de la XXIᵉ dynastie, il est écrit [hiéroglyphes] (3) que les Coptes auraient vocalisé ϢOЄIϹ ce que les Sahidiens modernes prononceraient aussi *šos*. Et cependant l'orthographe [hiéroglyphes] n'a pas été abandonnée, même à la XXIᵉ dynastie. On trouve aussi [hiéroglyphes] et dans le même texte [hiéroglyphes], dans ce dernier cas [hiéroglyphe] étant le syllabique [hiéroglyphes].

On voit que le vocalisme joue un rôle très important dans les dialectes coptes et qu'il présente une richesse de sons qui au premier moment vous désoriente, il semble que ce soit l'arbitraire qui domine. Sans doute il y a une part d'arbitraire, mais c'est celui de la langue parlée. C'est ce qu'il ne faut jamais oublier : le copte est le langage du peuple mis par écrit, non pas suivant les règles et les lois auxquelles une langue littéraire est forcée de se soumettre, mais suivant le son qu'avaient les mots dans la bouche de ceux qui les prononçaient. Et l'on sait, même de nos jours, les différences phoniques qui existent dans le parler de ceux chez qui il n'a pas été modifié par l'éducation et l'école. STERN nous l'enseigne dans l'introduction de sa grammaire. De

---

(1) ROCHEMONTEIX, La prononciation moderne du copte dans la Haute Egypte p. 102, 106, 107, lit ϬϹ ϬOЄIϹ *abšos* et une fois *abšous*.

(2) Pap. d'Ani.

(3) Pap. de Nesikhonsu et LEPS. Todt.

toute nécessité nous dit=il, la connaissance des sons doit être la base du système grammatical. Si l'on fait abstraction des sons (Lautlehre) et de la formation des thèmes, la grammaire copte est avant tout la connaissance des particules, car la langue possède à peine des flexions. (1) Le vocalisme est donc la base de la gram= maire. Voyelles et particules, voilà ce qui caractérise le copte.

Nous avouons alors ne pas comprendre comment cette affirma= tion si claire de l'introduction se concilie avec ce que STERN nous enseigne ailleurs. Il a commencé par nous dire que la langue copte était la fille du vieil égyptien et que le passage de l'un à l'autre était le démotique, «mais que, tandis que l'an= cienne langue en général en était restée au degré des langues isolantes, le copte était devenu une langue agglutinante, laquelle s'efforçait de remplacer les éléments grammaticaux dont dans l'hiéroglyphique on pouvait reconnaître l'indépendance, par des formations internes et externes . . . . . Le copte dépasse le vieil égyptien en précision, en souplesse et en variété malgré sa pau= vreté en formes.» Il nous semble qu'il n'y a pas accord entre les deux affirmations.

Puis quand STERN dit: «Il y a entre l'égyptien, qui appartient à la branche chamitique, et les langues sémitiques une ancienne pa= renté qu'on reconnaît aux pronoms et à plusieurs racines com= munes. Cependant l'égyptien paraît s'être séparé de bonne heure de ses sœurs asiatiques pour suivre son propre chemin». (2) Si nous ajoutons à cette dernière phrase celle=ci : (3) «Les racines du copte qui dans l'ensemble en sont restées au même degré que celles de l'ancien égyptien, sont inférieures en développement aux racines des langues sémitiques, car elles ne sont que partielle= ment fondées sur les lois de formation bien arrêtées qu'ont celles=ci,» nous nous trouvons d'emblée en opposition absolue avec ce que soutiennent ERMAN, SETHE et toute l'école de Berlin. L'égyptien, le père du copte, est une langue chamitique qui est

(1) Koptische Grammatik, Vorwort p. XI.
(2) Id. Einleitung p. 3. 4.
(3) Id. Einleitung p. 46.

restée en arrière des langues sémitiques et qui n'a pas atteint
leur développement. Ce n'est donc pas une langue sémitique
dégénérée, et de la décomposition de laquelle un premier fruit
a été l'écriture.

Il ne nous paraît pas non plus que la caractéristique que Stern
a donnée du copte, et l'origine qu'il lui assigne, concorde avec
ce qu'il nous dit des racines dans la phrase qui suit celle que
nous venons de citer : «Il faut considérer les consonnes comme
étant la substance des racines. Le caractère de la voyelle copte est
tout semblable à celui de la voyelle sémitique; la consonne est le
corps, la voyelle est la force qui le met en mouvement, elle est
l'âme du mot. Beaucoup de racines ne consistent qu'en une seule
consonne, la plupart en ont deux ou trois, et d'autres qui sont
dérivées par redoublement, de quatre ou cinq consonnes.» (1)

Dans cette phrase, Stern est encore dominé par l'idée qui est
à la base du système de l'école de Berlin : l'égyptien est une
langue sémitique. Cette affirmation, nous l'avons vu, repose sur
deux faits qu'on prétend très-bien établis : l'égyptien n'écrit pas
les voyelles, et les racines sont formées de trois consonnes
radicales. M. Stern nous a dit que la vocalisation était la base
du système grammatical copte. Il en résulte que les voyelles sont
les signes les plus importants de l'écriture. C'est elles qui très
souvent distinguent les dialectes. Roesch, par exemple, dans son
ouvrage sur celui d'Akhmim nous montre que dans ce dialecte
l'ⲁ remplace souvent l'ⲉ du sahidique lequel est le représentant
de l'ancien égyptien ⊂⊃. ⲀⲂⲀⲖ pour ⲈⲂⲞⲖ, ⲀϨⲢⲎⲒ pour ⲈϨⲢⲎⲒ,
ⲠⲀⲬⲈ pour ⲠⲈⲬⲈ. Il faut donc de toute nécessité que la voyelle
soit écrite. Du reste elle l'était déjà dans l'ancienne langue, car
la sonnante ⊂⊃ dans beaucoup de cas n'était pas autre chose
que la voyelle ⲁ ou ⲉ, et le copte dans l'un et l'autre dialecte
reproduit l'ancienne prononciation. Il rappelle avant tout le son
qu'avait la voyelle ⊂⊃, lequel pouvait être très différent suivant
les cas, tandis que le signe est resté le même.

____

(1) Stern l. l. p. 46.

ⲈⲂⲞⲖ, akhm. ⲀⲂⲀⲖ, est une préposition très fréquente en copte où elle sert à former des verbes. C'est la transcription exacte de l'ancien égyptien qui peut être ou [hiéroglyphes] ou [hiéroglyphes]. [hiéroglyphe] est la voyelle initiale Ⲉ ou Ⲁ. Nous savons par les transcriptions des mots hittites que [hiéroglyphe] se lit *l* qui est souvent exprimé par [hiéroglyphe] seul, et quant à l'[hiéroglyphe] c'est la voyelle Ⲟ ou Ⲁ. Il est impossible de voir dans ce signe autre chose qu'une voyelle. Dans l'orthographe [hiéroglyphes], [hiéroglyphe] a conservé son ancienne nature de caractère syllabique devant se lire [hiéroglyphes]. Ce reste de l'écriture primitive s'est maintenu même en copte, car il n'est pas rare de voir une consonne employée comme une syllabe ouverte, par exemple Ⲙ qui se lit ⲈⲘ au commencement des mots, de même que [hiéroglyphe] était souvent [hiéroglyphes].

Il serait certainement étrange qu'une langue écrite, qui ne repose que sur les consonnes et où les voyelles ne jouent qu'un rôle tout à fait secondaire, comme en général les langues sémitiques, se fût muée en une langue reposant presque entièrement sur le système vocalique. On ne peut soutenir l'idée allemande, je n'hésite pas à le dire, qu'en jouant sur les mots dont on change le sens. Voici par exemple le mot ⲘⲒⲈ akhm. qui, dans d'autres dialectes s'écrit ⲘⲒⲎ ou ⲘⲎⲒ. Quiconque regarde ce mot sans idée préconçue dira qu'il est composé d'une consonne initiale et de deux voyelles qui représentent les sons *e* et *i* et qui peuvent être interverties. A Akhmim on disait *mie*, à Thèbes *mei*. Mais non, c'est un mot à trois consonnes radicales, et la forme régulière serait *īm ȝỉ ʿét*, ce qui, transcrit en hiéroglyphes, serait [hiéroglyphes] ou même [hiéroglyphes], les deux voyelles *ī* et *ĕ* n'étant pas marquées. Ce mot ne serait pas à trois, mais à cinq radicales, et pour réduire leur nombre à trois il faut que [hiéroglyphes] ne soient que des voyelles qui dans ce cas-ci seraient écrites. Je demande en outre à quelle langue appartient le mot reconstitué d'après les règles de la philologie. Ce n'est ni de l'égyptien ancien ni du copte. On dira que le mot ⲘⲒⲈ est un exemple de la dégénérescence profonde de l'ancien type sémitique, laquelle est, cela va sans dire, encore plus marquée dans le copte que dans l'ancien égyptien. Mais cette dégénérescence est bien ancienne, puisque déjà à l'époque de la XVIII. dynastie les Sémites, comme on le voit par les tablettes de Tel el Amarna, lisaient le mot *mu*, une consonne et une voyelle qui pouvait être longue.

Le système vocalique écrit qu'on trouve dans le copte est une nouvelle preuve que l'écriture hiéroglyphique contenait des voyelles. Le copte étant beaucoup plus riche en signes vocaliques que l'ancienne langue, a exprimé par des signes différents les valeurs diverses que pouvaient avoir les anciens caractères ᚋ, 𓄿, 𓅯 ou 𓏭 qui sont restés immuables. Il y a eu des voyelles dans l'écriture hiéroglyphique, la dernière phase de l'évolution de la langue égyptienne nous le montre clairement, et ici nous voyons tomber l'un des deux appuis sur lesquels l'école de Berlin fondait sa thèse que l'égyptien était une langue sémitique, quand elle soutient que, comme l'hébreu ou l'arabe, l'égyptien n'avait pas de voyelles, et que l'alphabet ne consiste qu'en consonnes.

Quant à l'autre affirmation que l'ouvrage de Sethe s'efforce d'établir : les mots égyptiens sont comme les mots sémitiques, composés de trois consonnes radicales, Stern l'a déjà réfutée lorsqu'il nous dit que l'égyptien était resté en arrière des langues sémitiques dans la formation des racines, et quand il ajoute que la formation à trois radicales, à laquelle les langues sémitiques sont soumises avec une rigueur inflexible (mit unverbrüchlicher Strenge), (1) n'est pas encore arrivée à son développement final. Les thèmes à deux radicales sont les plus nombreux. Il y en a d'autres composés d'une ou de trois consonnes. Pourquoi Stern ne parle-t-il pas de ceux qui ne se composent que d'une ou de plusieurs voyelles, ainsi ⲁ, ⲁⲓ *faire*, ⲁⲓⲁⲓ *croître*, ⲉⲓ *aller*, ⲉⲓⲱ *âne*, ⲓ *aller*, ⲟ *être* et d'autres encore. J'admets que dans les nombreux thèmes commençant par ⲟⲩ il en est dans lesquels ⲟⲩ peut être considéré comme une demi-voyelle analogue à l'anglais *w*, quoiqu'il soit prononcé *ou* ainsi que dans le français *oui*; néanmoins

____

(1) Stern, l. l. § 92.

pour appeler ces mots des thèmes à deux consonnes ou même à trois, il faut leur faire subir des manipulations philologiques compliquées, et les faire descendre de mots qui n'ont jamais existé, tout cela pour faire de l'égyptien et par conséquent de sa dernière phase, le copte, une langue sémitique.

En dépit de l'idée qui obsède STERN de retrouver le sémitique en copte, son point de vue se rapproche du nôtre qui est le contraire de celui de l'école de Berlin. L'égyptien est une langue qui s'est arrêtée en cours de développement, ce n'est nullement une langue sémitique décomposée.

Si maintenant nous examinons la grammaire proprement dite, nous trouvons de nouveau chez STERN une caractéristique du copte qui se rapproche tout à fait de ce que, à la suite d'auteurs tels que ROUGÉ ou LE PAGE RENOUF, nous avons soutenu à propos de l'ancien égyptien. «La grammaire copte est avant tout une leçon de particules, car la langue possède à peine des fle‑ xions.» Aussi STERN a‑t‑il été obligé de fondre l'étude des diffé‑ rentes catégories de mots avec celle de la syntaxe, et il lui est souvent arrivé de ne pas trouver le mot qui exprime exactement le fait devant lequel il se trouve. Cela est évident; car en copte, comme dans la langue ancienne, la classification des mots est encore très imparfaite. Le même mot peut être un substantif, un adjectif, un verbe, sans qu'il y ait comme dans nos langues une forme particulière qui distingue chacune de ces classes. Voici par exemple le mot 2ⲱB *res, negotium*; précédé de la particule ⲈⲢ, en égyptien ⟨⊙⟩. ⲈⲢ2ⲱB il veut dire *faire travail, travailler,* et quelquefois *cultiver la terre.* Il pourra prendre les particules verbales comme dans ce cas‑ci, ⲤⲈⲈⲢ2ⲱB ἐνεργοῦσι, et alors il est un verbe, ou il sera précédé d'un article, ⲠⲒⲈⲢ2ⲱB ἐνεργεία, et il deviendra un substantif. Dans les deux cas ⲈⲢ2ⲱB ne subit ancun changement, ce qui en fait un verbe ou un substantif, ce sont les particules ou l'article qui l'accompagnent. Le mot par lui‑même ⲈⲢ2ⲱB n'appartient à aucune de ces catégories. On pourrait multiplier considérablement ces exemples, dans le copte aussi bien que dans l'ancien égyptien.

Un dernier trait commun au copte et à l'ancienne langue, c'est que la forme ou les flexions n'ont point la rigueur qu'elles ont dans nos langues. Elles existent, elles sont d'un emploi fréquent, mais elles ne sont pas obligatoires. Un thème a une forme absolue, indiquant une idée, sans avoir les caractéristiques qui en font un nom, un verbe, un mode, un temps, une personne. C'est là encore un reste de l'enfance de la langue. Revillout, qui a déterminé avec une grande sagacité et une très grande richesse d'exemples ce qu'il nomme les modes subordonnés, nous dit cependant que dans certains cas «le présent est réduit à une simple racine verbale unie au substantif». Son étude revient à fixer le sens de certaines préformatives qui servent à rendre différents modes. Stern, à la suite de Revillout, nous parle d'un conjonctif formé par la particule ⲚⲦⲈ, mais cette particule a bien d'autres sens, elle n'est nullement la caractéristique exclusive du subjonctif, et puis elle n'a pas toujours la même forme. Suivant les dialectes, elle peut être ⲚⲦⲀ ou ⲦⲀ ou ⲦⲈ ou même un simple Ⲛ. D'autres fois le subjonctif est rendu par Ⲉ ou ⲈⲦⲢⲈ.

Le subjonctif peut être exprimé aussi par d'autres formes, ainsi en sahidique, par ce que Peyron appelle le troisième futur, qui, surtout en boheirique, est une des formes fréquentes de ce temps. En sahidique, lorsqu'il est un subjonctif, il est précédé de la conjonction ⲬⲈ dont le sens est très vague, et qui très souvent n'est pas autre chose que le français *que*. ⲬⲈ ⲈⲒⲈⲈⲒⲘⲈ ἵνα γνῶ (Gen. XVIII. 21) où le boheirique a précisé davantage l'expression en employant la conjonction grecque, 2ⲒⲚⲀ ⲚⲦⲀⲈⲘⲒ. Il en est de même dans ces deux exemples ⲬⲈ ⲈⲢⲈ ⲠⲈⲦⲚⲀⲚⲞⲨϤ ⳙⲰⲠⲈ (Gen. XII. 13), boh. 2ⲞⲠⲰⲤ ⲚⲦⲈ ⲠⲒⲠⲈⲐⲚⲀⲚⲈϤ ⳙⲰⲠⲈ, ὅπως ἂν εὖ γένηται. Ici encore le boheirique a recours à la conjonction grecque. Dans les deux dialectes la particule est séparée du verbe par le sujet, et ni le verbe ni la particule n'ont aucune indication de personne, ce qui n'était pas le cas quand la particule et le verbe étaient réunis. Voici encore un exemple tout analogue ⲬⲈ ⲈⲢⲈⲠⲬⲞⲈⲒⲤ ⲈⲒⲚⲈ (Gen. XVIII. 19), boh. 2ⲞⲠⲰⲤ ⲚⲦⲈ ⲠϬⲞⲒⲤ ⲒⲚⲒ, ὅπως ἂν ἐπαγάγῃ Κύριος.

On voit par ces exemples, et l'on pourrait en citer un grand
nombre d'autres à propos des noms et des verbes, que la gram=
maire copte est la connaissance des particules, de leur sens et de
leur emploi. Il est donc faux de parler de la conjugaison des
verbes coptes, des modes et des temps. Sans doute il y a manière
de rendre l'idée exprimée par le subjonctif ou l'optatif, et même
de faire sentir les nuances, mais ce n'est pas à l'aide de formes
spéciales du verbe qui n'auraient que ce sens, et qu'il faudrait
nécessairement employer pour y arriver. Ce qui règle la signifi=
cation d'une expression, c'est avant tout la syntaxe, c'est le rôle
que joue le mot dans la phrase, et non le vêtement dont il a
été revêtu. C'est là, nous l'avons déjà vu pour l'ancienne langue,
ce qui doit être à la base de la grammaire. MASPERO reproche à
celles d'ERMAN et STEINDORFF que le départ n'est pas assez net
entre les formes qui appartiennent aux paradigmes verbaux, et
celles qui sont de la syntaxe pure. (1) STERN aussi nous a dit
qu'il avait fondu ensemble l'étude des mots avec la syntaxe, et
de là vient la difficulté qu'il a eue à trouver des mots qui pussent
désigner certains faits grammaticaux. A notre sens, pour le copte
comme pour l'ancien égyptien, il faudrait en venir, comme nous
le disions déjà il y a bien des années, (2) à une grammaire qui
s'attacherait à l'analyse des idées et aux rapports des idées bien
plutôt qu'à la forme ou aux formes qui ne sont pas fixes, et
qui laisserait de côté une nomenclature empruntée aux langues
sémitiques ou indo=germaniques, lesquelles supposent un degré
de développement que l'égyptien n'atteignit jamais.

A quel moment le copte est=il né? Quand se mit=on à écrire
avec l'alphabet grec augmenté de six ou sept caractères la langue
qu'on parlait dans le pays, non pas la langue littéraire, mais celle
du peuple avec ses différents dialectes? Il est certain que le copte
est la langue du christianisme. Les premiers écrits en copte sont
des écrits religieux, et avant tout la traduction des livres saints.

(1) Etudes de mythologie et d'archéologie, vol. VI, p. 247.
(2) Etudes Grammaticales, Recueil, vol. XXVII, p. 50—52.

Comme pour le démotique, cependant, il y avait eu des essais d'écrire en grec des textes égyptiens et même de compléter l'alphabet au moyen de signes dérivés du démotique. Il nous est parvenu deux des essais de ce genre. L'un est un papyrus de Londres qui contient un horoscope dont la première partie est en grec et la fin écrite en copte. Goodwin, qui l'a publié le premier, (1) n'a pu en donner qu'une traduction partielle à cause du mauvais état du document et de l'obscurité du texte. L'écriture est l'alphabet grec augmenté des six caractères égyptiens qui ont tous une ressemblance assez grande avec les caractères démotiques correspondants, surtout le 2, le ϫ et le ϣ. D'après la position des planètes dans l'horoscope, Goodwin place ce document en l'année 154 après J. C.

Le second document qui a été étudié spécialement par Revillout (2) est un papyrus grec gnostique qui contient avec des hymnes orphiques des invocations où sont mélangés des noms de dieux égyptiens avec le Dieu des Juifs, et d'autres noms tels qu'*Adonai, Eloai*, tirés de l'Ancien Testament, sans que, d'après Revillout, on puisse y reconnaître une influence chrétienne. Chose curieuse, quoique ce document soit plus récent que celui de Londres, la transcription y est moins développée et moins précise. Ce qui dans le papyrus de Londres est le ϣ correspond au ϩ. Il y a deux ϫ dont l'un est tout à fait le signe démotique et l'autre le signe copte habituel. Il est même possible qu'il y ait encore une variante du ϫ dans un signe que Revillout n'explique pas. Quant au ϣ il n'existe pas et il est d'ordinaire remplacé par C.

Il nous est impossible de considérer ces deux documents, surtout le second, comme étant l'origine du copte, d'abord parce que l'écriture n'est pas fixée; dans le papyrus de Londres, le plus ancien, elle l'est mieux que dans celui de Paris; mais parce que nous ne trouvons pas là la caractéristique du copte qui n'est

(1) Zeitschr. 1868, p. 18.
(2) Mélanges III, p. 36.

jamais que la reproduction d'un dialecte. GOODWIN dit que le langage des fragments qu'il a transcrits ne correspond complètement à aucun des dialectes. On y trouve le ⲃ boheirique avec certains préfixes qui appartiennent au sahidique. « Il est évident que nous avons là une phase de la langue très éloignée de la forme que nous trouvons dans les textes coptes les plus anciens. »

De celui de Paris, REVILLOUT dit : « On voit que ce document est à moitié thébain et à moitié memphitique. Les racines sont empruntées à peu près indifféremment aux deux dialectes, et souvent pour les mêmes mots on possède la double forme. Cependant, proportionnellement, la langue incline plutôt vers le memphitique ». Il semble donc que les auteurs qui ont écrit les deux papyrus ont cherché à former une langue littéraire qui aurait été comprise et aurait pu être employée dans tout le pays. Elle aurait ainsi ressemblé à l'ancienne langue, elle en aurait eu l'uniformité, à l'inverse de la nouvelle forme, du copte, qui n'est qu'une réunion des divers dialectes.

Si la date fixée par GOODWIN pour le papyrus de Londres est exacte, et si celui de Paris est encore plus récent, ils ne seraient que peu antérieurs aux plus anciens papyrus coptes, comme celui de Londres qui doit remonter au commencement du 3ᵐᵉ siècle alors que la traduction de l'Ecriture était déjà achevée.

D'après REVILLOUT, c'est aux gnostiques que l'on doit l'invention de l'alphabet copte, dont les origines furent lentes et multiples. Nous ne saurions admettre cette assertion de REVILLOUT. Qu'il y ait eu des gnostiques en Egypte antérieurement à l'ère chrétienne, cela est incontestable. Et si l'on range les écrits hermétiques dans cette catégorie, qu'est-ce qui nous prouve qu'ils aient été écrits en copte plutôt qu'en grec, puisque, comme nous le dit REVILLOUT, depuis Alexandre « les Grecs étaient partout, ils se mêlaient de tout, surveillaient tout, pénétraient même dans la vie privée.... Aussi les idées grecques envahirent-elles l'Egypte, et c'est de leur mélange avec les idées égyptiennes que naquirent le gnosticisme et le néoplatonicisme. »

S'il en est ainsi, si l'influence grecque est devenue prédomi=
nante au point de faire naître des écoles philosophiques et théolo=
giques, on ne comprendrait pas que ces auteurs n'eussent pas
tenu à ce que leurs écrits fussent en grec, dans la langue savante,
la langue d'Alexandrie, celle de tous les littérateurs, philosophes
et écrivains de tout genre qui ont rendu cette ville fameuse.
Admettant même avec REVILLOUT que dans le gnosticisme on
trouve un syncrétisme des idées judaïques avec les anciennes
croyances des habitants du pays, c'est toujours à Alexandrie que
cela nous conduit, à la grande synagogue des Juifs, à la ville
où les Juifs étaient venus s'établir en foule. Les Juifs avaient
la traduction des Septante depuis le 3me siècle avant J. C.; on
ne voit donc pas ce qui aurait poussé les gnostiques à donner
à l'égyptien une forme se rapprochant du grec, et cela d'abord
en dotant la langue d'un alphabet aussi semblable que possible
à l'alphabet grec. Et ils l'auraient fait, non pas pour créer la
langue littéraire du pays, s'écrivant et se parlant dans tout le
royaume, mais au contraire pour consigner par l'écriture nouvelle
la langue parlée, c'est à dire les dialectes avec toutes leurs diver=
sités de prononciation et d'orthographe.

Puis, ce qu'on ne saurait nier, c'est que la naissance du copte
coïncide absolument avec l'apparition du christianisme en Egypte.
La littérature copte est avant tout une littérature religieuse chré=
tienne, et elle ne date que de l'ère chrétienne. Comme le dit STERN,
la littérature copte est presque exclusivement biblique ou ecclé=
siastique; l'époque de son épanouissement complet va du 3me au
7me siècle. Il ne semble donc pas possible de donner à cette
modification de la langue égyptienne une autre cause et un autre
point de départ que l'arrivée du christianisme en Egypte. Il était
nécessaire d'avoir une écriture au moyen de laquelle on pût
reproduire les écrits sacrés, ce que le démotique ne permettait
pas. Si le copte avait une origine différente et plus ancienne,
on ne comprendrait pas qu'il n'en fût resté aucune trace, que
rien ne nous fût parvenu en copte des écrits des gnostiques
païens antérieurement à l'ère chrétienne. Car si l'on considère

les deux papyrus de Londres et de Paris comme un essai d'a-
dopter pour tout le pays une écriture simplifiée, en rapport avec
celle d'une langue étrangère déjà très répandue en Egypte, on
est forcé de constater que cet essai a échoué. Il n'a pas eu de
suite, car à l'époque même où ces papyrus étaient rédigés, nous
voyons surgir le copte, c'est à dire la traduction des Saintes
Ecritures dans les divers dialectes parlés dans le pays, et non
dans une langue littéraire unique.

La question qui se pose tout d'abord est celle-ci : Qui furent
les premiers traducteurs de l'Ecriture? Est-ce des missionnaires
venus de l'étranger, comme cela se voit de nos jours, ou bien
faut-il chercher ces premiers écrivains coptes dans les monastères,
dans ces groupes de chrétiens qui de bonne heure déjà se réunirent, avant même que St. Antoine eût établi leur règle; ou est-ce
quelqu'un des nombreux anachorètes, retiré du monde pour se
consacrer entièrement à ses pratiques religieuses. Il est clair que,
puisqu'il existe des traductions dans les quatre dialectes, il n'est
pas possible de les attribuer à un seul groupe restreint comme
la tradition nous dépeint les Septante. On a traduit dans des
endroits divers, et à des époques qui n'étaient pas simultanées.
Cette circonstance nous paraît indiquer que les différents auteurs
n'étaient pas des étrangers, mais des Egyptiens plus ou moins
versés dans la connaissance de la langue grecque.

Il semble bien que c'est aux anachorètes comme Paul, qui
vivait au commencement du 3me siècle, aux groupes de dévots
qui à la même époque se réunissaient pour mener une vie assez
analogue à la vie monastique, et aux couvents proprement dits,
dont plusieurs existent encore, qu'il faut attribuer la traduction
des Livres Saints et l'origine du copte. La tendance à la vie
d'ermite ou à la vie monastique se manifesta de bonne heure
en Egypte. Un exemple fameux est celui de Macaire, le fondateur de la colonie monastique de Scété, qui commença par être
conducteur de chameaux, et marié. Ses compatriotes le forcèrent
de se faire ordonner prêtre, et il dut à sa réputation de sainteté
de voir se réunir autour de lui toute une multitude d'admira-

teurs et de disciples qui fondèrent une véritable ville monastique, une espèce de république où chacun réglait ses propres affaires, où l'on n'était tenu qu'à s'entr'aider et à écouter de temps à autre les conseils des anciens et les avertissements du *père* ou *praeses* (ήγεμών). (1)

Dans un couvent comme celui qui se fonda autour de Macaire, il devait nécessairement y avoir des livres sur lesquels les anciens et le saint basaient leurs enseignements. Et les gens qui se pres=saient en foule autour d'eux, devaient pour une bonne part être des gens sans éducation, et qui ne connaissaient d'autre langue que celle qu'ils parlaient de père en fils. Il fallait donc qu'il y eût déjà alors une traduction d'une partie au moins des Livres Saints, qui avait été faite sinon par le saint lui=même, par quelque écrivain attaché à l'établissement monastique.

Il n'y a pas de raison de supposer que l'établissement monas=tique de Macaire ait été le premier du genre. Le couvent de Scété ou Nitria en Basse Egypte peut avoir été précédé par d'autres en Haute Egypte, et ce qui nous le ferait croire, c'est que les plus anciens textes coptes que nous possédons sont des textes sahidiques qui viennent par conséquent de la Haute Egypte. La Thébaïde est fameuse par ses solitaires, et l'on y trouve en=core des restes de couvents qui ont été détruits on ne sait à quelle époque, ainsi celui de Deir el Bahari, dont j'ai enlevé les derniers pans de murs pour mettre au jour l'ancien temple. La collection d'ostraca trouvée aux cours des fouilles a permis à Crum d'établir qu'il s'appelait le monastère de Phoibammon et que le moment de sa plus grande prospérité avait été le 7me et le 8me siècles. Mais il peut avoir commencé sur de plus petites proportions, et s'être développé et agrandi plus tard. Il a dû être précédé, sinon à l'endroit même, du moins dans le voisi=nage, par des anachorètes et des cénobites, ces premiers repré=sentants de la vie monastique, laquelle apparut d'abord en Egypte, et qui de là se répandit en Palestine et en Syrie. (2) Il semble

(1) Revillout, Mélanges 1, p. 188.
(2) Cabrol, Monasticism, Encyclopaedia of Religion, vol. 8, p. 786.

probable que les uns ou les autres ont dû travailler à la traduction des Ecritures.

Quels qu'aient été ces traducteurs, si l'on en juge par les textes sahidiques, qui sont de l'avis général les plus anciens, on en conclura que les premiers interprètes de l'Ecriture étaient des gens du pays qui parlaient leur propre langue et qui avaient appris le grec, mais qui étaient loin de le posséder d'une manière parfaite. Ce qui le prouve, c'est la quantité de mots grecs qu'ils ont introduits dans leur texte. Evidemment ils ne saisissaient pas exactement le sens de ces mots pour lesquels ils auraient eu des équivalents en égyptien. C'est là la cause de l'abondance de mots grecs en copte. Comme le dit QUATREMÈRE : « ceux qui traduisaient trouvaient sans doute plus commode, lorsqu'ils n'entendaient pas un mot, ou qu'ils ne rencontraient pas facilement l'équivalent, de le laisser tel qu'il était dans l'original.» (1)

Le fait que les documents coptes les plus anciens sont des textes sahidiques, a conduit divers savants à établir une succession chronologique dans les dialectes, et à prononcer que le dialecte boheirique était le plus récent, et n'était né qu'à une époque plus tardive que celui de la Thébaïde. C'était déjà l'opinion de MAKRIZI (2) qui, parlant des monastères situés au midi de la ville d'Assiout, dit : «que la plupart des chrétiens de ces monastères savent le copte sahidique, qui est la source primitive de la langue copte, et dont est dérivé le dialecte boheirique. Les femmes et les enfants des chrétiens de la Haute Egypte ne parlaient presque que le copte sahidique.»

Il ressort de la citation de l'auteur arabe que, quand même il considère le sahidique comme le plus ancien, les deux dialectes, sahidique et boheirique, étaient parlés en même temps dans des parties différentes de l'Egypte.

Plusieurs auteurs ont aussi soutenu l'idée de la succession chronologique des dialectes. Dans ces discussions sur la date à

---

(1) QUATREMÈRE, Recherches sur la langue et la littérature de l'Egypte, p. 18.
(2) Cité par QUATREMÈRE l. l. p. 42.

attribuer à chacun de ces idiomes à leur origine et à leur déri=
vation, on oublie trop que le copte est une langue parlée et qui
par conséquent n'est pas soumise aux lois de la langue littéraire.
Et ceux qui l'ont mise par écrit n'étaient pour la plupart, surtout
dans les débuts, que des hommes dont l'éducation littéraire était
probablement tout à fait rudimentaire. Ce qui était le but de
leurs efforts, c'était de fournir à leurs compatriotes le plus tôt
possible les textes sacrés dans la langue qu'ils comprenaient. Ce
langage n'était peut=être pas conforme à ce qu'il aurait dû être
d'après les règles qu'ont fixées les philologues de nos jours. Ces
règles n'existaient pas pour eux; car qui les leur aurait imposées?
Quand STERN, l'un des premiers égyptologues qui s'est occupé
du dialecte d'Akhmim, nous dit, en parlant de formes à son
avis tout à fait irrégulières qu'il a trouvées dans ce dialecte, «il
n'y a pas lieu à y donner grande valeur, car les textes d'Akhmim,
quoique très bons comme calligraphie, sont très défectueux au
point de vue de l'orthographe, et dans les formes, sont presque
sans règle», ce jugement est en désaccord avec la nature du
copte et les circonstances dans lesquelles il est né. Il en est
de même lorsque STERN nous dit «que la forme de l'état cons=
truit des verbes, et la forme qualitative n'existent pas non plus
comme dans la langue régulière». Cela vient simplement d'une
différence dans le parler de ceux qui ont écrit ces manuscrits,
d'avec les habitants de la Basse Egypte et d'ailleurs. Ici encore,
comme pour l'ancien égyptien, ce qu'on appelle langue régulière
est une création artificielle, une langue reconstruite d'après cer=
tains principes qui devraient prévaloir, et dont la non=observation
est considéré comme une imperfection, sinon comme une faute.

Jusqu'il y a peu d'années, l'opinion généralement répandue
était que le sahidique était la forme la plus ancienne du copte.
Mais en 1893, MASPERO réussit à acquérir à Sohâg, dans la Moyenne
Egypte, un paquet de manuscrits coptes qui nous ont fait con=
naître pour la première fois le dialecte d'Akhmim. Parmi ces
textes sont les fragments d'un livre apocryphe qu'on a considéré
d'abord comme étant l'Apocalypse de Sophonie, mais qui pour

la plus grande partie est l'Apocalypse d'Elie; de celle de So=
phonie, il ne reste que de petits morceaux.

De l'Apocalypse d'Elie, ces manuscrits contiennent deux ver=
sions, l'une, la plus étendue, en dialecte d'Akhmim, et l'autre
dont il n'y a plus qu'une petite partie, en dialecte sahidique.
STEINDORFF attribue ces deux manuscrits à la fin du 4me siècle ou
au commencement du 5me, le texte sahidique étant peut=être un
peu plus récent que l'autre. Ce livre est certainement traduit du
grec, à en juger par la quantité de mots grecs qui s'y trouvent.
Il est possible que le grec fût déjà une traduction de l'hébreu,
et que l'original eût un auteur juif.

La langue du livre est le dialecte d'Akhmim qui diffère en
beaucoup de points des autres dialectes, et qui se rapprocherait
surtout du sahidique. D'après STERN, il aurait conservé un carac=
tère beaucoup plus archaïque que la langue du Sud et du Nord;
dans sa formation et dans sa grammaire il est très en arrière sur
le dialecte sahidique qui est beaucoup plus développé. Selon
STEINDORFF, celui qui a copié la version sahidique de l'Apocalypse
était un habitant d'Akhmim, qui a voulu écrire du sahidique,
mais qui, connaissant mal ce dialecte, a fait un texte qui four=
mille d'expressions d'Akhmim appartenant à sa langue maternelle.
A notre sens, ce copiste venait d'une région d'Egypte où les
deux dialectes étaient mêlés, qui était la transition de l'un à
l'autre, car on ne peut pas supposer qu'il y eût une frontière
arrêtée où chacun finissait.

ROESCH, auquel nous devons une savante étude sur le dia=
lecte d'Akhmim, soutient que l'Akhmimien est le premier dia=
lecte écrit qui ait été tiré de la langue populaire, de la κοινή
parlée dans tout le pays. Qu'il y ait eu à un moment donné
une κοινή égyptienne, c'est à dire un dialecte qui prit le dessus
et qui fût employé dans tout le pays, c'est fort possible, c'est
même probable à en juger par ce que nous voyons aujourd'hui.
Du fait qu'un dialecte en est arrivé à prédominer, cela ne veut
nullement dire qu'il ait éliminé les autres dont l'origine est peut=
être fort ancienne et antérieure à la κοινή. La preuve qu'il en

était ainsi nous est fournée par un papyrus de la XIX. dynastie d'après lequel les habitants du Delta et ceux d'Eléphantine avaient de la peine à se comprendre.

Quand Maspero, (1) pour expliquer ce qu'il entend par la κοινή égyptienne, prend avec raison des exemples dans les langues modernes, quand il nous dit que le dialecte de l'Ile de France est devenu le français, cela est incontestable, de même que le florentin est devenu l'italien classique, le dialecte de Middlesex l'anglais, à quoi on pourrait ajouter le dialecte saxon l'allemand. Mais quand il ajoute que le propre de cette κοινή c'est d'éliminer les autres dialectes et de se substituer à eux dans tout le pays comme langue d'usage courant, je ne puis pas me ranger à cette assertion. Une κοινή est adoptée comme langue littéraire, comme langue officielle, et de notre temps comme langue des affaires et des journaux, sans doute. Cependant elle n'élimine nullement le dialecte en tant que langue parlée, dont se servent les habitants d'une certaine région depuis des siècles, et à laquelle ils ne renoncent que difficilement par l'effet d'une civilisation que ne connaissaient pas les Egyptiens. Encore aujourd'hui, en dépit de l'école et du service militaire, les patois, les dialectes locaux subsistent en France, par exemple en Bretagne et en Savoie. Un habitant de Turin ayant reçu une très bonne éducation n'hésitera pas à parler le piémontais dans lequel se trouvent des mots français, et s'il écrivait exactement comme il parle, il serait dans le même cas que l'auteur de la version sahidique de l'Apocalypse d'Elie. On pourrait en dire autant du dialecte napolitain que l'italien n'a pas fait disparaître. Même il y a dans les Abruzzes une littérature populaire dans le patois du pays, des poètes de village dont l'œuvre se transmettra peut-être oralement pendant quelques générations, mais qui ne sera mise par écrit que par des amateurs de folklore.

Ce que nous venons de dire s'appliquerait à la plupart des pays civilisés; cela est particulièrement frappant en Suisse où

(1) Recueil XXIX, p. 148.

chaque canton a son dialecte, quelquefois deux ou trois. Tout voyageur qui s'arrête à Lucerne ou à Zurich verra d'emblée la différence qu'il y a entre l'allemand la langue littéraire, et le parler des gens du pays, auquel ils tiennent encore avec ténacité. Il est impossible de ne pas croire que ce que nous constatons encore de nos jours, ce qui subsiste sous nos yeux, quoique les progrès de la civilisation cherchent à le faire disparaître, se présentait avec des traits encore plus marqués chez les nations de l'antiquité qui n'avaient pas l'école, le service militaire obligatoire, et tous ces moyens d'amener dans le langage une uniformité qui est chaque jour plus nécessaire. Et c'est pourquoi, à notre sens, l'explication de beaucoup de questions qui nous embarrassent dans l'antiquité doit être cherchée souvent dans ce qui s'est conservé de l'état ancien.

Il peut y avoir eu une $\varkappa o\iota\nu\acute{\eta}$ égyptienne comme le dit Maspero, à l'époque de la XIX. dynastie et même plus tard, celle dans laquelle sont écrits tous les papyrus hiératiques, et qui est la langue de la littérature que nous avons conservée. A l'époque où naquit le démotique, cette $\varkappa o\iota\nu\acute{\eta}$ avait pris une forme plus populaire, c'était avant tout le langage des affaires qu'on employait dans la rédaction des contrats. Mais ce qu'on peut affirmer, c'est qu'il n'y en a jamais eu en copte, qui n'a que des dialectes. Et quant à prétendre que ces dialectes sont nés successivement de la $\varkappa o\iota\nu\acute{\eta}$ égyptienne, cela me paraît aller absolument à l'encontre de ce que nous pouvons constater tous les jours. Les patois de Savoie ou de Bretagne ne sont pas nés du français, c'est à dire du dialecte de l'Ile de France, et ceux de Schwytz ou d'Appenzell ne sont pas nés du dialecte saxon que Luther a rendu classique. Chaque dialecte a sa date, qui presque toujours nous est inconnue.

Nous ne saurions assez le répéter quand il s'agit de langues parlées, ces questions d'origine et de succession paraissent absolument déplacées. Les savants qui les ont discutées à propos du copte, Crum, Griffith, Erman, Roesch et d'autres, sont encore trop complètement dominés par l'idée de l'ancienne philologie

que la langue est une entité, quelque chose de supérieur et
de parfait, ayant un ordre donné dont tout ce qui s'écarte est
une infraction à une forme idéale. C'est bien à propos des dia=
lectes qu'on peut dire avec SAUSSURE que la langue n'existe que
dans les sujets parlants. En d'autres termes, il n'y a pas de langue,
il n'y a que des gens qui parlent.

On nous dit que le dialecte d'Akhmim est le premier qui s'est
détaché de la κοινή d'alors. Mais, dans ce cas, pourquoi l'Ecri=
ture n'a=t=elle pas été traduite dans cette κοινή? Les écrits qui
apportaient la doctrine nouvelle n'étaient=ils destinés qu'au dis=
trict d'Akhmim et à ses habitants? Il est hors de doute que
les missionnaires qui apportaient le christianisme en Egypte vou=
laient gagner tout le pays à la religion nouvelle. Il fallait pour
cela que tout le pays pût lire les livres sur lesquels elle s'appuyait,
que ces livres fussent dans la langue comprise de ceux auxquels
on prêchait la doctrine chrétienne. Et si pour cela il a fallu tra=
duire les livres, non dans une langue unique, mais dans quatre
dialectes, c'est la preuve la plus éclatante que cette langue unique,
cette κοινή n'existait pas, ou que si elle existait, elle n'avait pas
éliminé · les dialectes qui subsistaient parallèlement, et qui très
probablement remontaient à une époque ancienne.

Si le sahidique est considéré comme plus ancien, cela vient
de ce que nous avons conservé des manuscrits sahidiques qui
remontent plus haut que les boheiriques. Mais cela ne signifie
nullement qu'alors le boheirique n'existât pas. Les prêtres et les
anachorètes qui vivaient au 3me siècle, les fondateurs du couvent
de Nitria, qui étaient originaires de la Basse Egypte, avaient
sans doute leur dialecte qui n'était pas celui d'Akhmim, ils ne
parlaient point une langue commune qui aurait régné dans tout
le pays sauf à Akhmim et peut=être en Thébaïde. Ils se sont certai=
nement préoccupés d'avoir une traduction des Ecritures puisque,
malgré le voisinage d'Alexandrie, ils ne savaient pas le grec.

On ne peut donc considérer la traduction des Ecritures que
comme naissant partout, à mesure que le christianisme se répan=
dait, et se produisant sans doute simultanément dans les diverses

parties du pays. Partout cette traduction revêt le même caractère, elle ne se conforme pas à la langue littéraire, elle est le reflet de la langue parlée, de ce qui se dit et s'entend tout les jours, et qui diffère d'une région à l'autre. Le fait que le couvent d'Amba Shenûda, d'où viennent les manuscrits d'Akhmim, contenait deux versions de même titre de l'Apocalypse d'Elie, dont l'une était en sahidique, montre que quoique vivant à peu de distance, les habitants du Sahid parlaient un dialecte un peu différent, et que, pour qu'ils se comprissent facilement, il fallait avoir un texte dans leur propre langage.

L'étude comparative des diverses traductions est intéressante, parce qu'elle nous renseigne d'abord sur la langue que parle chacun des traducteurs, langue qui était celle de son entourage et de la région dans laquelle il habitait. Nous pouvons aussi nous faire quelque idée de la personnalité de ces écrivains. Ils sortaient de milieux très différents, mais ce qu'on peut affirmer, c'est qu'à peu d'exceptions près ce n'étaient pas des savants, des hommes versés dans les humanités comme les traducteurs modernes de la Bible. GRIFFITH nous paraît avoir parfaitement raison lorsqu'il nous dit (1) que le copte est une reproduction soigneuse et intelligente de la langue vulgaire, due à des traducteurs qui avaient un peu de sens littéraire et le désir d'être compris.

.Prenons par exemple l'un des plus anciens manuscrits sahidiques qui nous aient été conservés, celui qu'a publié le Dr BUDGE; un seul verset comme le premier du livre des Actes des Apôtres, comparé à la version boheirique, nous renseignera déjà jusqu'à un certain point sur les connaissances littéraires du traducteur.

ⲡϣⲟⲣⲡ̄ ⲙⲉⲛ ⲛ̄ⲗⲟⲅⲟⲥ ⲁⲓ̈ⲧⲁⲙⲓⲟϥ ⲱ ⲑⲉⲟⲫⲓⲗⲉ ⲉⲧⲃⲉ ϩⲱⲃ ⲛⲓⲙ ⲛ̄ⲧⲁ ⲓ̄ⲥ̄ ⲁⲣⲭⲓ ⲛ̄ ⲛⲁⲁⲩ ⲁⲩⲱ ⲛ̄ ⳨ⲥⲃⲱ ⲛ̄ϩⲏⲧⲟⲩ ϣⲁϩⲣⲁⲓ̈ ⲉⲡⲉϩⲟⲟⲩ ⲛ̄ⲧⲁⲩⲁⲛⲁⲗⲁⲃⲃⲁⲛⲉ ⲙ̄ⲙⲟϥ. ⲁϥϩⲱⲛ ⲉⲧⲟⲧⲟⲩ ⲛ̄ ⲛⲉϥⲁⲡⲟⲥⲧⲟⲗⲟⲥ ϩⲓⲧⲛ̄ ⲡⲉⲡⲛ̄ⲁ̄ ⲉⲧⲟⲩⲁⲁⲃ ⲉⲧⲁϣⲅⲟⲅⲓϣ ⲙ̄ ⲡⲉⲩⲁⲅⲅⲉⲗⲓⲟⲛ ⲛⲁⲓ̈ ⲛ̄ⲧ̄ ⲁϥⲥⲟⲧⲡⲟⲩ.

(1) Zeitschr. XXXIX, p. 81.

En grec : τὸν μὲν πρῶτον λόγον ἐποιησάμην περὶ πάντων ὦ Θεό-
φιλε, ὧν ἤρξατο Ἰησοῦς ποιεῖν τε καὶ διδάσκειν ἄχρι ἧς ἡμέρας ἐν-
τειλάμενος τοῖς ἀποστόλοις διὰ Πνεύματος Ἁγίου οὓς ἐξελέξατο ἀνε-
λήμφθη (WESTCOTT et HORT).

Je laisse de côté des variantes d'autres textes sahidiques qui
ne sont que des questions d'orthographe, dont quelques=unes
peuvent être des fautes de copiste, et d'autres des différences
de prononciation; ainsi le mot grec ΑΡΧΙ qui traduit ἤρξατο
est écrit dans un autre passage du même livre (XI. 15) où il est
précédé des particules verbales ΑΡΧΗ tandis que d'autres manus=
crits qui ont servi à l'édition de HORNER écrivent ΑΡΧΕΙ dans
les deux cas. C'est au point qu'on peut se demander si le scribe
n'écrivait pas sous dictée et reproduisait les mots étrangers à peu
près comme il les entendait, ainsi ΑΝΑΛΑΒΒΑΝΕ pour ΑΝΑΛΑΜΒΑΝΕ
qu'on trouve dans d'autres manuscrits.

Je n'ai pas à parler ici de ce que le texte sahidique est traduit
d'un original grec qui diffère quelque peu du texte reçu. On
remarque que dans ce verset, après les mots «jusqu'au jour où»
il manque la parenthèse «après avoir donné ses ordres par le
Saint Esprit aux apôtres qu'il avait choisis» — il fut élevé.

La parenthèse commence le verset suivant qui est le même
dans tous les textes sahidiques : «il avait donné l'ordre à ses
apôtres par le Saint Esprit, de prêcher l'Evangile, à ceux qu'il
avait choisis». La version boheirique est conforme au texte grec
reçu.

A lire ce verset en sahidique, il ressort clairement que le tra=
ducteur savait très mal le grec. C'était un Egyptien qui, bien
loin de posséder à fond la langue étrangère, ne se rendait pas
compte des mots, et les répétait sans se douter qu'il y en avait
dans sa propre langue qui exprimaient absolument la même idée.
Si nous passons à la version boheirique, nous voyons qu'à l'ex=
ception des mots ΑΠΟΣΤΟΛΟΣ et ΠΝΑ πνεῦμα pour lesquels il
ne pouvait pas y avoir d'équivalents, et qui devaient être repro=
duits tels quels, aucun des trois autres mots grecs ne s'y trouve,
et qu'ils ont tous trois leurs équivalents égyptiens.

On comprend que les traducteurs de la Basse Egypte devaient savoir le grec mieux que les habitants de la Thébaïde. Ils étaient beaucoup plus rapprochés d'Alexandrie, et les rapports avec l'étranger devaient être plus suivis. Est-ce à dire que la traduction sahidique soit nécessairement plus ancienne? Cela est possible, l'usage du grec étant plus répandu en Basse Egypte, beaucoup de ceux auxquels le christianisme était prêché devaient comprendre le grec, surtout si c'étaient des Juifs qui avaient senti le besoin d'avoir leurs propres livres traduits en grec. Il n'était donc pas absolument urgent d'avoir les Livres Saints en copte.

Cependant cette conclusion ne s'impose pas. Sans doute, la plupart des manuscrits boheiriques que nous avons conservés sont de date relativement récente, mais cela ne veut pas dire que les originaux dont ils sont la copie ne remontent pas aux premiers temps du christianisme en Egypte. Nous avons peine à croire que les saints hommes qui vivaient au 3me siècle, les fondateurs des couvents, n'eussent pas la traduction de l'Ecriture, et cela dans le dialecte qu'ils parlaient.

A notre sens il est faux de tirer des conclusions chronologiques de la nature de la langue, dont le développement serait plus moins avancé suivant l'époque à laquelle on la prend. Il ne s'agit pas d'une langue unique, mais de dialectes qui appartiennent à une région définie. Il faut aussi envisager les différences qu'il y avait entre les écrivains dans les divers dialectes. On se représente les premiers traducteurs sahidiques ou d'Akhmim comme de nouveaux convertis pressés d'apporter à leurs compatriotes les livres qui leur enseignaient la religion nouvelle. Ils avaient appris le grec, probablement des missionnaires qui étaient venus leur prêcher la doctrine chrétienne, et dès qu'ils avaient pensé le posséder suffisamment, ils s'étaient mis à l'œuvre. Ils ont fait passer les livres saints dans le langage que parlait leur entourage, les provinciaux au milieu desquels ils habitaient. Ce qui leur facilitait cette tâche, c'est qu'ils avaient à leur usage l'alphabet grec.

Ici surgit une question fort embarrassante et qui se présente pour d'autres langues que le copte. Qui a eu l'idée d'adopter un alphabet nouveau? Qui est l'auteur de ce changement, lequel s'est répandu très rapidement dans tout le pays? Il est certain qu'il coïncide avec l'arrivée du christianisme en Egypte, nous savons donc exactement à quelle époque il s'est produit. Y avait-il eu auparavant quelques tentatives de réformer l'alphabet, et d'adapter à la langue égyptienne l'écriture grecque, beaucoup plus simple, et qui devait faciliter les rapports avec l'étranger? Si les papyrus de Londres et de Paris, les horoscopes dont nous avons parlé, sont des restes de pareilles tentatives, cela nous prouve-rait qu'elles n'ont pas réussi, car en dehors de la littérature chré-tienne l'alphabet grec n'a pas fait disparaître l'écriture égyptienne, puisque nous avons des papyrus démotiques qui ne sont pas antérieurs à la naissance du copte. Cependant les premiers écri-vains en lettres grecques ont dû nécessairement recourir aux scribes démotiques, car c'est du démotique plus ou moins dévié que sont sortis les caractères qui n'appartiennent pas à l'alphabet grec. On peut donc admettre que les premiers traducteurs, s'ils étaient de pauvres hellénistes, écrivaient encore la langue de leur pays, tout au moins le démotique.

Les traducteurs boheiriques, certainement, savaient mieux le grec; on peut en juger facilement si l'on compare des traductions des deux dialectes. Qu'on le fasse, par exemple, pour le livre de la Genèse, et l'on verra que les mots grecs sont beaucoup plus nombreux en sahidique qu'en boheirique. Quelquefois, lorsque le boheirique emploie le grec tandis que le sahidique a conservé le mot égyptien, cela vient de ce que l'écrivain trouve que l'égyptien ne rend pas fidèlement l'idée du grec. Cela est frappant, par exemple dans les conjonctions. Elles sont très peu nombreuses dans l'ancien égyptien. Les rapports des phrases que marquent ces mots, ne sont pas indiqués et ressortent du sens, de l'arrangement paratactique des phrases, ou de périphrases, ou de particules verbales. Les quelques conjonctions égyptiennes comme ХЄ ont un sens très vague.

10*

Je rappelle les trois passages sahidiques que j'ai cités plus haut à propos du subjonctif. Voici ⲭⲉ suivi d'un verbe, précédé de la particule ⲉⲓⲉ, ⲉⲣⲉ que Peyron appelle marque du présent et du futur : (Gen. XII. 13) ⲭⲉ ⲉⲣⲉ . . . . . ⲱⲱⲛⲉ ὅπως ἂν γένηται, (XVIII. 19) ⲭⲉ ⲉⲣⲉ ⲡⲭⲟⲉⲓⲥ ⲉⲓⲛⲉ ὅπως ἂν ἐπάγῃ ὁ Κύριος, (id. 22) ⲭⲉ ⲉⲓⲉ ⲉⲓⲙⲉ ἵνα γνῶ. Si maintenant nous consultons le bohei‑ rique, nous verrons que dans ces trois exemples il a employé la conjonction grecque, tandis que le sahidique a conservé le mot égyptien, et on peut l'expliquer parce que le traducteur trouvait que le mot égyptien ne rendait pas la nuance qu'il y a entre ὅπως et ἵνα. Evidemment le traducteur boheirique avait une éducation littéraire plus avancée que l'habitant de la Thé‑ baïde, à en juger par cet exemple dont je ne songe cependant pas à tirer une conclusion générale, car il ne porte que sur un écrivain sahidique qui doit être un des plus anciens. Il semble‑ rait, d'après le caractère de ces premières traductions, de la Thé‑ baïde, que le christianisme y pénétra de bonne heure, et même indépendamment d'Alexandrie, dont on ne reconnaît pas l'in‑ fluence dans le langage.

Il est temps de résumer le caractère de cette dernière phase d'évolution de la langue égyptienne, le copte. Cette phase a con‑ sisté en un changement complet de l'écriture, l'adoption d'une écriture purement alphabétique, c'est à dire de laquelle tout élé‑ ment figuratif est complétement banni, et qui en outre répond à un développement plus avancé que les alphabets sémitiques en usage à ce moment, en ce sens qu'il a un signe correspondant à toutes les lettres, voyelles ou consonnes, qui sont écrites dans l'ordre où elles se prononçaient.

Ce nouvel alphabet a été appliqué, non à l'ancienne langue littéraire, ni même à la forme déjà plus populaire représentée par le démotique, mais à la langue parlée, à celle qui était dans la bouche de l'homme du peuple, celle dont il se servait d'habi‑ tude, et qui par conséquent est empreinte de cette diversité locale laquelle se retrouve dans le parler du peuple de tous les pays. Le nouvel alphabet a servi à consigner des dialectes dont aucun n'a réussi à supplanter les autres, sauf tout à la fin de l'existence du copte, et depuis qu'il est devenu langue morte.

Le changement s'est fait à l'avènement du christianisme, le copte a gagné en importance en proportion du développement de la nouvelle religion. Il n'a pas fait disparaître d'emblée l'ancienne langue avec son écriture, nous avons des papyrus gnostiques où se trouvent les deux écritures, mais on peut cependant dire que l'ancienne langue finit avec le paganisme, sauf peut-être dans quelques districts reculés. Brugsch place la fin du démotique de 250 à 300 ans après J. C.; le dernier cartouche impérial que nous trouvions est celui de l'empereur Décius qui occupa le trône de 249 à 251. Nous avons vu que c'est l'époque où l'on doit admettre que la traduction des Ecritures était déjà achevée dans tous les dialectes, peut-être pas partout en entier, en sorte qu'on peut dire qu'au 3me siècle le copte avait atteint son plein développement.

Nous ne savons pas l'année où le copte parut, mais ce qui est évident, c'est que le changement dans l'écriture eut lieu brusquement, peut-être en plusieurs localités à la fois, quoiqu'il faille bien admettre une certaine unité, un accord entre des écrivains de diverses parties de l'Egypte pour l'adoption de l'alphabet grec et des lettres nouvelles communes aux différents dialectes; les boheiriques et les gens d'Akhmim en adoptant chacun une qui leur appartenait en propre et qui ne servait pas à d'autres. Nous pourrons constater le fait suivant aussi à propos d'autres langues qui ont changé d'écriture : l'ignorance absolue où nous sommes des auteurs de ce changement et de l'endroit où il s'est produit pour la première fois. Nous ne savons pas non plus comment il a gagné de proche en proche en sorte qu'il a fini par prévaloir dans tout le pays.

Le nouvel alphabet a servi à écrire, non la langue littéraire, mais le patois des gens du pays. Nous avons insisté précédemment sur la difficulté qu'il y aurait eue à rendre le Nouveau Testament avec l'écriture hiéroglyphique ou démotique, en particulier en raison du caractère figuratif que le démotique conserve encore, surtout dans les déterminatifs. Quant aux choix de la langue populaire, il était imposé par la nature même du Nouveau Testament et par le style dans lequel les différents livres sont composés. Un théologien allemand, DEISSMANN, a montré que le langage du Nouveau Testament et surtout des Evangiles était avant tout celui du commun peuple, la κοινή non des lettrés, mais celle de l'homme simple, son parler habituel. Pour avoir l'in= telligence exacte des mots, ce n'est pas à Platon ou à Isocrate qu'il faut recourir, mais aux papyrus de l'époque, dont on a retrouvé dernièrement un grand nombre en Egypte, qui ne sont pas des œuvres littéraires, mais qui nous parlent des petits faits de tous les jours. Quelle que soit leur nature, que ce soient des contrats, des donations, des lettres, des comptes, des actes de vente et des plaintes en justice, ils nous font pénétrer dans la vie et les préoccupations de la population. Il est certain qu'on y trouve des expressions tout à fait familières et que la gram= maire et l'orthographe n'y sont pas toujours respectées.

C'est cette langue qui est celle du Nouveau Testament en grec. N'est il pas dit souvent dans l'Evangile qu'il est annoncé aux pauvres? Il est donc naturel qu'on leur parle leur langage. Si le Nouveau Testament en égyptien devait correspondre exactement à l'original, il fallait que la traduction fût dans la langue du peuple, et comme celle=ci n'était pas unique et comprenait plu= sieurs dialectes, la traduction ne pouvait pas non plus être une, elle devait reproduire cette diversité. C'est la raison pour laquelle cette dernière phase de l'évolution de l'égyptien, le passage à la langue parlée mise par écrit, ne se présente pas sous une forme unique régnant sur tout le pays, mais sous celle de dialectes dont nous connaissons quatre, et dont il y avait peut=être encore d'autres.

Cette langue populaire écrite, par le fait qu'elle était tout d'abord employée pour des livres religieux, est devenue une langue littéraire, elle a servi à une littérature considérable dont nous avons de nombreux restes. Il y a de véritables écrivains comme le fameux abbé Sinouthé qui écrivait en sahidique. La littérature comprend, en dehors des traductions de l'Ecriture, des sermons, des lettres, des vies des saints, des actes des martyrs, des écrits gnostiques, des actes de conciles, des livres apocryphes, de l'histoire ecclésiastique, de nombreux écrits touchant les moines des couvents, et même des livres ne portant pas sur la religion, mais par exemple traitant de la médecine.

Le développement de la littérature n'a pas amené l'unité dans le langage, les dialectes ont subsisté tant qu'il y a eu des écrivains en copte. Depuis l'extension du mahométisme en Egypte, quand l'arabe est devenu la langue courante du pays, le copte a tendu à disparaître comme langue vivante. C'est une langue morte depuis la fin du 18ᵐᵉ siècle, mais il est resté langue de la religion, et dans les églises coptes l'Ecriture est encore lue dans cette langue, ainsi que des prières, mais un seul dialecte a survécu, le boheirique. L'ancien égyptien que nous connaissons depuis 3000 ans avant notre ère subsiste encore aujourd'hui comme langue de la religion, sous la dernière forme qu'elle a revêtue, la dernière phase de son évolution.

CHAPITRE V.

L'HEBREU.

L'Egypte est un domaine linguistique dont l'étude nous apporte des enseignements très précieux et qui peuvent nous éclairer lorsque nous essayons de nous expliquer comment se sont déve=loppées d'autres langues, en particulier les langues sémitiques.

Nous avons constaté en égyptien deux changements brusques, que nous pouvons l'un et l'autre rattacher à une époque déter=minée, desquels nous ne connaissons pas les auteurs, et qui tous deux ont été le point de départ d'une littérature considérable.

Voici d'abord le démotique. Que quelques scribes dans un ou deux papyrus aient modifié l'écriture hiératique et lui aient donné une forme plus cursive, cela est certain. Il n'en est pas moins vrai qu'à un moment donné, depuis le règne d'Amasis, vers la fin de l'époque Perse et sous les premiers Macédoniens, on voit surgir le démotique normal qui a son écriture à lui, et qui diffère assez de l'ancienne langue pour qu'il faille avoir des inscriptions bilingues en hiéroglyphique et en démotique. Ce changement est absolument autochthone, indépendant de toute influence étrangère. Il a conduit à une κοινή qui avait un caractère plus populaire que l'ancienne langue, et qui était avant tout la langue des affaires sans cependant que ce fût le patois parlé par le peuple.

Sortant d'Egypte, il nous a semblé que l'araméen jouait vis à vis du cunéiforme le même rôle que le démotique vis à vis de l'hiéroglyphique, et qu'ainsi il fallait le considérer comme une évolution autochthone qui apparaissait à un moment donné, et non pas comme une influence qui se serait fait sentir petit à petit, ou qui serait due à un peuple étranger, les Araméens.

Après le démotique, il se présente un changement plus grand encore : L'écriture égyptienne est mise de côté, elle est remplacée par l'alphabet grec adapté à l'égyptien par l'addition de six ou sept lettres. Cette modification radicale de l'écriture est destinée, non à reproduire une langue littéraire, ni même une κοινή populaire comme le démotique, mais le parler de l'homme du peuple, son patois, ses dialectes au nombre de quatre, avec leur vocalisation variée. Ce changement, nous en connaissons la date, nous savons qu'il a été produit par l'arrivée du christianisme en Egypte, nous savons qu'il est dû aux Egyptiens eux-mêmes, qu'il s'est répandu sur tout le pays, mais nous ne savons pas qui en sont les auteurs; nous ne pouvons pas ·le rattacher à des hommes connus, ou même à un groupe d'hommes; nous ignorons de quelle localité il est parti, et comment s'est fait l'accord à la suite duquel cet alphabet a été reconnu dans tout le pays.

Faisant de même que pour le démotique, nous cherchons si dans les langues sémitiques de l'Asie occidentale il y en a une qui, à un moment donné, ait changé son écriture, et nous rencontrons aussitôt l'hébreu, qui a passé par une phase tout analogue au copte, qui paraît être né de la même manière, qui semble aussi avoir le même caractère, c'est à dire être à l'origine la langue ou le dialecte que parlait le peuple à Jérusalem.

Et ici en présentant à nouveau des idées que j'ai exposées ailleurs, (1) je ne prétends pas résoudre d'une manière définitive cette grave question. Je la soumets aux spécialistes hébraïsants. Je voudrais leur exposer les arguments qui me paraissent établir ce point de vue. Ces arguments, je ne les tire pas de mon imagination, je m'appuie sur un exemple qui est reconnu exactement, et qu'il est impossible de nier ou même de mettre en doute. La formation du copte est quelque chose de particulier et qui n'est nullement conforme aux lois de la philologie et aux théories que l'on a émises sur l'évolution et le développement des langues.

(1) Archéologie de l'Ancien Testament, éd. française, p. 215 et suiv. Schweich. Lectures, p. 44. et suiv.

Voici un peuple qui tout d'un coup adopte une nouvelle écriture établie sur un principe absolument différent de celle dont il usait précédemment, et il le fait, non pas pour perfectionner en quelque manière sa langue littéraire, mais pour reproduire les différents dialectes dont se compose le parler populaire qui jusque là n'avait jamais été mis par écrit. Sans doute c'est là un phénomène linguistique extraordinaire, mais, il n'y a pas à le nier, ce n'est pas une hypothèse due à l'imagination d'un rêveur ignorant les lois de la philologie, c'est un fait que nous pouvons reconnaître dans toute sa brutalité. Si cela s'est passé en Egypte, pourquoi n'en serait-il pas de même ailleurs, et ne devons-nous pas reconnaître un phénomène tout analogue dans l'histoire de l'hébreu?

Et d'abord, qu'est-ce que l'hébreu? « Par le nom d'hébreu on entend d'ordinaire la langue de l'Ancien Testament, en opposition avec le nouvel hébreu qui est la langue de la littérature juive postexilique. » (1) Ainsi s'exprine GESENIUS dans sa grammaire que des savants allemands mettent incessamment au point, et que nous pouvons bien considérer comme l'autorité par excellence.

A la suite de cette définition de l'hébreu, on ajoute : «le nom de langue hébraïque ne se trouve pas dans l'Ancien Testament, où il est remplacé par : *langue de Canaan* (Es. XIX. 18) et *jehoudith*, Juif, en particulier dans un passage de Néhémie où, suivant l'usage postexilique, les noms de Juif, judaïque, ont été étendus à toute la nation».

Quand il en vient à l'alphabet, (2) l'auteur nous fait le tableau, comme dans toutes les grammaires, des lettres de l'hébreu carré, quoique cet alphabet soit né aux environs de l'ère chrétienne, et il ajoute : « L'alphabet carré n'est pas celui qui a été employé à l'origine pour l'hébreu, le vieil hébreu est identique au vieux sémitique occidental, à l'ancien phénicien et à l'inscription de Mesa,» en somme ce qu'on appelle l'alphabet cananéen. Les seuls

---

(1) WILHELM GESENIUS, Hebräische Grammatik, 29. Aufl., verfaßt von Bergsträsser, 1918, p. 9.
(2) id. p. 29.

monuments que nous ayons de ce vieil hébreu (1) sont le calen=
drier agricole de Guézer du 9ᵐᵉ siècle, les tessons trouvés à Samarie,
de la même époque, et l'inscription de Siloé à Jérusalem, du 8ᵐᵉ
siècle, découverte en 1880. C'est sur ces quatre documents qu'on
s'appuie pour affirmer que jusqu'à la naissance de l'hébreu carré,
c'est à dire jusqu'aux environs de l'ère chrétienne, tous les textes
de l'Ancien Testament ont été écrits en caractères cananéens. Nous
verrons plus loin qu'aucun de ces monuments ne peut être allégué
comme preuve de cette assertion.

Pour ce qui est de la langue, la philologie hébraïque part
presque toujours de cette assertion, que je citerai d'après l'un de
mes contradicteurs, Gressmann : (2) « L'hébreu fut originairement
la langue des Cananéens, langue que les Hébreux adoptèrent
après leur installation en Canaan. » Ce n'est là qu'une conjecture
dont on ne peut apporter aucune preuve, et qui jure aussi bien
avec l'histoire qu'avec l'anthropologie.

Qu'est=ce que les Cananéens? La première fois que nous les
trouvons mentionnés, c'est à propos de l'arrivée d'Abraham (Gen.
XII. 6) « Abraham parcourut le pays jusqu'au lieu nommé Sichem,
jusqu'au chêne de Moré. Le Cananéen était dans le pays. » Il
est dit aussi du pays où étaient les troupeaux de Lot (XIII. 7) :
« Le Cananéen et le Phérésien habitaient alors dans le pays. »
Lorsque Jahveh fait alliance avec Abraham (XV. 18), il lui promet
de donner à sa postérité tout le pays depuis le fleuve d'Egypte,
jusqu'au grand fleuve, le fleuve d'Euphrate, pays peuplé par dix
nations différentes dont les Cananéens; ceux=ci habitaient avec
les Amorréens et les Jébusiens, qui occupaient chacun une région
de Canaan. Les Cananéens ne sont donc nullement considérés
comme les maîtres et les seuls habitants du pays. Ce n'est qu'un
des peuples qui l'occupaient. Cette distinction existe encore dans
Josué (IX) et dans le livre des Juges. Plus tard a étendu ce nom
à l'ensemble des peuples ou tribus qui avaient été subjugués

(1) Gesenius, l. l. p. 10.
(2) Revue de théologie et de philosophie, 1916, T. IV. p. 32.

par les Israëlites, mais ce n'est qu'un nom. Les Cananéens n'ont jamais formé une unité politique. L'histoire nous le fait clairement entendre. Si nous consultons les inscriptions égyptiennes, nous y voyons que ce que nous appelons les Cananéens était une quantité de tribus ayant chacun son existence indépendante et son chef, dont l'une des plus considérables étaient les *Amurru*. Ils avaient leurs villes et leurs forteresses, et ils étaient sans cesse en guerre les uns contre les autres. Quelquefois la menace d'un danger commun, tel que l'approche des armées égyptiennes ou celle des Israëlites, les poussait à faire front ensemble contre l'ennemi, mais avaient-ils subi une défaite importante comme à Meguiddo, ils se dispersaient et chaque roi retournait à sa forte-resse. Il n'y avait aucune cohésion entre eux, rien qui ressemblât à la constitution d'un état, ni même à une alliance permanente. La Mésopotamie était dans des conditions très analogues. Dans les temps les plus reculés, la Babylonie comptait un grand nombre de petits états composés d'une ville et du territoire environnant. Un jour le roi de l'une réussissait à assujettir les villes voisines et sa domination était plus ou moins permanente. Cela même, nous ne le voyons pas en Palestine, et parler des Cananéens comme d'un peuple unique ayant une existence individuelle et séparée, et occupant tout le pays de Canaan, c'est créer de toutes pièces une nation qui n'a pas existé comme telle.

L'unité linguistique n'existait pas plus que l'unité politique. Il faut se défaire de l'idée qui a prévalu trop longtemps, que les nations anciennes étaient des Etats ayant des limites parfaitement tracées les séparant nettement des voisins; à l'intérieur de ces limites était un peuple ayant son gouvernement, ses habitudes et sa langue, qui était la même pour tout le pays et qui avait un alphabet lui appartenant en propre. On crée ainsi un état de Canaan ayant une langue unique qu'on appelle l'hébreu. L'anthro-pologie, et ce qui existe encore de nos jours nous enseignent que cette conception est fausse. Qu'on regarde ce que sont de notre temps les peuples non civilisés qui se rapprochent encore de l'état primitif. Les missionnaires qui travaillent parmi les nègres ou dans les peuplades du sud de l'Afrique nous disent tous que les nombreuses tribus qui habitent le pays, et qui souvent sont hostiles les unes aux autres ont chacune son dialecte propre. Il en est de même parmi les populations du sud de l'Inde. Et cette diversité s'est perpétuée même dans les états civilisés. Au Moyen Age, l'Italie était divisée en républiques séparées; chacune avait son dialecte, celui de Florence n'était pas celui de Gênes, et si le florentin a fini par s'imposer, il subsiste encore aujourd'hui des traces de cette diversité. Quiconque va de Rome à Florence s'en apercevra aussitôt, et s'il arrive de Naples, la différence dans le langage, dans la forme et surtout dans la prononciation, est encore plus accusée.

Il devait en être exactement de même en Palestine dans les temps anciens. Chacun de ces peuples énumérés par Josué, ayant son roi et sa ville, devait avoir son patois ou dialecte, parmi lesquels nous ne savons où trouver l'hébreu. L'hébreu n'était certainement pas la langue littéraire, la κοινή en usage dans tout le pays, puisque nous savons par les tablettes de Tel el Amarna que c'était la même qu'en Mésopotamie. Cette région avait sans doute aussi un grand nombre de dialectes. On ne peut pas sup=poser que tous les peuples, depuis Suse jusqu'en Asie Mineure, qui se servaient comme langue littéraire du babylonien cunéi=forme, ou pour lui donner son nom propre, de l'Accadien, par=laient tous la même langue. Il devait y avoir en tous cas un grand nombre de dialectes sémitiques. C'est un de ces dialectes que parlait Abraham, ou plutôt la tribu des Abrahamites quand elle vint s'établir à Canaan, dans le sud de la Palestine. Ils arri=vèrent au milieu de peuplades parlant aussi des dialectes sémi=tiques semblables au leur, que la seconde génération adopta cer=tainement, comme nous le voyons encore aujourd'hui. Nous avons des restes de ces dialectes cananéens dans les gloses de plusieurs des tablettes de Tel el Amarna. Les Israëlites, étant étrangers en Egypte, gardèrent leur langue sémitique, et à la conquête se retrouvèrent au milieu de populations qui avaient un parler tout semblable au leur, qu'ils avaient emporté de Palestine.

Peut-on admettre avec Brockelmann (1) que cette ancienne langue de Canaan révélée par les tablettes cunéiformes de Tel el Amarna subsista jusqu'aux environs du 11ᵐᵉ siècle, quand elle fut éliminée par l'écriture et la langue nationale? Il nous semble que l'archéologie, l'épigraphie et l'histoire nous mènent à des conclusions très différentes. L'hébreu, dont je ne songe pas à nier l'antiquité, a une histoire fort semblable au copte. Il a été le *jehoudith*, le dialecte de Juda, jusqu'au moment où il a été mis par écrit, et quand pour cela on a adopté une écriture nouvelle, l'hébreu carré. Le changement s'est fait aux environs de l'époque chrétienne.

Avant de développer les arguments sur lesquels j'appuie ma thèse, il importe de donner aux mots le sens qu'ils avaient dans l'antiquité, et non pas celui qu'ils ont pris chez les philologues modernes. Pour les anciens, une langue n'a d'autre nom que celui du peuple qui la parle ou de la contrée dans laquelle elle règne. Les modernes ont classé les langues d'après leurs caractères, la famille à laquelle elles appartiennent. *Araméen* est pour nous une langue sémitique, ayant son alphabet et ses formes particulières qui le distinguent d'autres langues voisines. Ce sens est absolument inconnu aux anciens. Araméen, pour eux, veut dire le langage des habitants de l'Aram, et pas autre chose. Si nous avions dans l'Ancien Testament le mot *hébreu* dans le sens de langue hébraïque, il voudrait dire la langue que parlent les Hébreux, qui pourrait ne pas être la même suivant l'époque à laquelle on la parlerait. Ἑβραϊστί se trouve dans le Nouveau Testament, où il ne désigne point l'hébreu mais l'araméen, qui était la langue usuelle des Israëlites à cette époque. L'inscription de la Croix est très instructive à cet égard : Ἑβραϊστί, Ῥωμαϊστί, Ἑλληνιστί; elle devrait être traduite : « dans la langue des Hébreux, des Romains et des Grecs ». Traduire avec les modernes « en hébreu, en latin et en grec », c'est une erreur, quand nous voyons

____

(1) BROCKELMANN, Grundriß der vergleichenden Grammatik der semitischen Sprachen, Einleitung, p. 6.

peu de versets auparavant le même mot Ἑβραϊστί qualifier *Gol=
gotha* qui est de l'araméen, et d'autres mots dont on donne la
forme dans la langue du pays. Dans Josèphe aussi Ἑβραϊστί
désigne ce que parlent les Hébreux, que ce soit ce que nous
appelons l'hébreu, ou l'araméen.

Un autre fait important à constater, c'est que les anciens ne
font aucune différence entre une langue et un dialecte. Ils ne
connaissent pas ces distinctions scolastiques qui sont la préoccu=
pation dominante de certains philologues. J'ai soutenu, par exemple,
qu'entre l'araméen et l'hébreu il n'y avait qu'une différence dia=
lectale. Ici j'aurais commis une faute grave que relève vertement
GRESSMANN (1) : L'araméen et l'hébreu sont des langues, et mon
affirmation prouve une chose, c'est que j'ignore les langues sémiti=
ques, car passer de l'un à l'autre c'est une véritable traduction. Je
ne vois pas quelle portée peut avoir cette discussion sur la classi=
fication des langues instaurée par les philologues modernes. Les
anciens ne font pas de distinction entre un dialecte et une langue.
Pour eux il n'y a que la langue, ou plutôt des gens qui parlent.
Un Hébreu, à l'époque de l'ère chrétienne comme du temps
d'Ezéchias, pouvait parler l'araméen et le *jehoudith*, et quand il
passait de l'un à l'autre il ne faisait pas plus de traduction qu'un
pasteur bernois qui, descendant de sa chaire, s'adresse à ses
ouailles dans le dialecte de son canton.

L'hébreu comme langue n'est pas nommé dans l'Ancien Testa=
ment, qui ne nous parle que du *jehoudith*, le judaïque, et de la
langue de Canaan. La presque unanimité des hébraïsants admet
que les deux expressions équivalent au mot *hébreu* et signifient
l'hébreu tel que nous le connaissons par l'Ancien Testament.
C'est là une assimilation tout à fait gratuite. Vous n'avez aucune
preuve que ces trois mots soient synonymes, que le judaïque
fût la langue de tout le pays et fût ce qui est appelé la langue
de Canaan. *Jehoudith* interprété correctement ne veut pas dire
autre chose que *langue de Judée* ou *de Juda*, de même que *aramith*

____

(1) GRESSMANN, l. l. T. IV. p. 32. T. V. p. 40.

veut dire *langue de l'Aram*, et *asdodith*, 'Αζωτιστί, la langue d'Asdod, nous dirions « le dialecte d'Asdod », mais pour les anciens c'est une langue.

Le *jehoudith*, judaïque, c'est le dialecte de Jérusalem ou du royaume de Juda. Nous en avons la preuve dans le dialogue qui nous est rapporté par le second livre des Rois (XVIII. 26) et le prophète Esaïe (XXXVI. 11) entre l'envoyé de Sennachérib, Rabshaké, et les officiers du roi Ezéchias. Le général assyrien s'est approché de la muraille et engage une conversation avec les trois envoyés du roi, dans laquelle il les charge de représenter à leur maître qu'il serait beaucoup plus avantageux pour lui de se rendre, et de faire alliance avec le roi d'Assyrie, que d'essayer de lui résister. Il y avait de nombreux auditeurs à cette conversation, puisque les envoyés lui disent : Parle à tes serviteurs en araméen, car nous le comprenons, et ne nous parle pas en judaïque aux oreilles du peuple qui est sur la muraille. Rabshaké n'en tient aucun compte, bien au contraire, il s'avance et repousse en langage grossier la demande qui lui est faite, il s'adresse à haute voix en judaïque au peuple qui est sur la muraille, pour les engager à ne pas écouter leur roi qui les trompe et qui les conduit à leur perte.

Ceci nous montre clairement que le judaïque est le langage du peuple, celui dont use toute la population, surtout de la classe inférieure à en juger par les paroles de Rabshaké, c'est à dire que *jehoudith*, judaïque, est le dialecte parlé en Juda, à Jérusalem. Et il n'y a aucune raison de croire que ce dialecte soit celui de tout le pays y compris le royaume des Dix Tribus qui s'étaient séparées de Juda. Le nom de Juif et de judaïque appliqué à toute la nation ne date que du retour de la captivité d'où n'étaient revenus que des habitants de Jérusalem et de Juda, lesquels devinrent le peuple juif.

Il y avait dans le pays de Canaan des dialectes. (1) La première mention que nous en ayons, c'est le fameux *schibboleth*

____

(1) Gesenius, l. l. p. 11.

(Juges XII. 6) qui distinguant les Galaadites des Ephraïmites, causa la mort de ces derniers. La seconde, c'est le judaïque dont nous venons de parler. Puis vient le passage si clair de Néhémie (XIII. 23) : «A cette époque, je vis des Juifs qui avaient pris des femmes Asdodiennes, Ammonites, Moabites. La moitié de leurs fils parlaient l'asdodien et ne savaient pas le judaïque. Ils ne connaissaient que la langue de tel ou tel peuple» : Sept. ἀλλὰ κατὰ γλῶσσαν λαοῦ καὶ λαοῦ, Vulg. loquebantur juxta linguam populi et populi. En d'autres termes, les enfants parlaient le dialecte de l'endroit d'où venait leur mère. Et pourtant ces pays ou ces localités mentionnées n'étaient pas éloignés de Jérusalem. Ashdod ou Azot était une des villes de la côte, l'une des villes des Philistins, Moab était à l'est de la Mer Morte, Ammon au delà du Jourdain au nord de Moab, à l'entrée du pays de Basan, c'est à dire l'un et l'autre à une distance de trente à quarante kilomètres de Jérusalem. Ainsi la région à l'est et à l'ouest de Juda présentait une variété de dialectes analogue à ce qui se voit aujourd'hui au sud de l'Afrique, chez les peuples encore peu civilisés, ou dans divers pays de l'Europe, comme par exemple les cantons de la Suisse alémanique.

Ces dialectes subsistaient encore au moment de l'ère chrétienne, quand l'araméen était devenu la langue littéraire et d'un usage général. Dans le récit de la trahison de Christ par l'apôtre Pierre, un homme de la foule s'adressant à lui, lui dit qu'il est certainement Galiléen. «Certainement tu es aussi de ces gens-là, car ton langage (λαλιά, Vulg. loquela) te trahit» (Matt. XXVI. 73). Il s'agit ici de la manière de parler et non seulement de l'accent. Ce dernier sens serait inadmissible pour d'autres passages où le mot λαλιά est employé (Jean VIII. 43). Il y avait donc un dialecte galiléen.

La mention d'un dialecte judaïque se trouve à la suite de la prédication de la Pentecôte. Les auditeurs sont tout étonnés de ce que le langage de Pierre et des autres disciples, qui étaient tous Galiléens, sonnait à leurs oreilles comme leur langue maternelle (τῇ ἰδίᾳ διαλέκτῳ ἐν ᾗ ἐγεννήθημεν).

11

Dans l'énumération de ces auditeurs, on cite ceux qui habitent la Mésopotamie; *la Judée*, la Cappadoce, le Pont et l'Asie ... ils se demandent «comment les entendons-nous parler dans nos langues» (ταῖς ἡμετέραις γλώσσαις) (Actes II. 11). La langue de la Judée qui ne pouvait être que le *jehoudith*, le judaïque, n'était pas la même que celle des disciples, qu'ils employassent ce que le texte appelle leur langue maternelle, c'est à dire le galiléen, ou l'araméen qui était alors la langue courante, et qui semble avoir été parlée par le Christ. Ces divers exemples nous semblent indiquer clairement que le *jehoudith*, le judaïque, était la langue de Jérusalem et de la Judée, et que nous n'avons aucun droit d'étendre l'acception du mot et d'en faire le langage de tout le pays de Canaan, sous la forme que nous connaissons maintenant, l'hébreu.

Il y avait pourtant en Canaan une langue à la fois littéraire et langue parlée qui naquit à un certain moment, et qui se répandit de proche en proche dans tout le pays. Le prophète Esaïe nous l'apprend, et les fouilles d'Egypte nous ont montré que la κοινή de Canaan était celle qui régnait dans l'Asie occidentale : l'araméen.

Dans le chapitre XIX, intitulé par l'hébreu et la Vulgate *la charge*, et par les LXX la *vision de l'Egypte*, le prophète décrit un état du pays qui correspond au temps où le pays était divisé entre des dynasties rivales, qui sont appelées ici princes de Zoan et de Noph, avant que la dynastie des Saïtes l'eût de nouveau réuni sous son sceptre. «En ce temps-là», nous dit-il, «il y aura cinq villes au pays d'Egypte qui parleront la langue de Canaan, et qui jureront par Yahveh Zebaoth». Si donc nous trouvons en Egypte les restes d'une de ces cinq villes juives, et qu'on puisse reconnaître la langue qui y était parlée, cela nous indiquera quelle était la «langue de Canaan».

Nous le savons maintenant par la grande découverte de papyrus araméens qui a été faite en 1907 à Assouan, ou plutôt à Eléphantine, l'île qui est située en face de cette ville. Les fouilles nous ont révélé toute une littérature provenant d'une colonie

juive établie en cet endroit, probablement destinée à l'origine à
défendre l'entrée de l'Egypte contre les invasions du midi, mais
qui devint ensuite un établissement important. Cette littérature
comprend des documents de toute espèce, publics et privés, des
lettres, des contrats, des fragments littéraires de l'histoire d'Ahiqar,
une traduction araméenne de l'inscription de Behistoun, en outre
un grand nombre de tessons avec des inscriptions relatives aux
choses de tous les jours. Tous ces documents, toute cette litté=
rature, sans exception, est en écriture et en langue araméenne.
Le Prof. SACHAU, l'éditeur de la collection, nous dit qu'il a
cherché, même dans les plus petits fragments, avec l'espérance
de trouver un peu d'hébreu, mais en vain. La colonie juive avait
des noms hébreux, mais tout est écrit en araméen. La plus grande
partie de ces documents appartient à l'époque où l'Egypte était
sous la domination de la Perse. Ils s'étendent de la vingt=sep=
tième année du règne de Darius I. (494 avant J. C.) à la cin=
quième d'Amyrtée, souverain indigène, qui régna après que les
Egyptiens eurent secoué le joug perse. Ces documents compren=
nent ainsi le 5me siècle presque en entier, période où l'empire
perse était à son apogée.

Mais ce serait une erreur de croire que la colonie d'Eléphan=
tine ou de Syène, comme l'appelle Ezéchiel, date de cette épo=
que. Déjà depuis des siècles les Israélites émigraient en Egypte
malgré les avertissements des prophètes (1). Ils avaient pris pied
dans toute l'étendue du pays d'un bout à l'autre, de Migdol au
nord, à Syène au midi (Ez. XXIX. 10. XXX. 6.). Non seulement
ils s'y établirent en étrangers, mais ils y transportèrent leur culte,
et, comme l'avait prédit Esaïe, ils y élevèrent un temple. Nous
le savons, en ce qui concerne Syène, par le document le plus
important qui y ait été retrouvé, et que nous avons en deux
exemplaires. Il est de l'an 407 avant J. C. sous le règne de
Darius Nothus. C'est une lettre adressée par Yedoniah et ses

---

(1) Voir à ce sujet : NAVILLE. Archéologie de l'Ancien Testament, édition fran=
çaise, p. 156. et suivantes.

compagnons les prêtres, à Bagoas, le gouverneur de Judée. Il raconte que le temple élevé par leurs pères à leur Dieu Yaho au temps des rois d'Egypte, que Cambyse avait encore vu intact, tandis que ceux des dieux d'Egypte avaient été renversés, a été détruit sans merci par les prêtres de Chnub, la divinité égyptienne, et par leurs acolytes. Ils ont envahi le temple, l'ont rasé, brûlé les portes et le mobilier, et emporté les vases d'or et d'argent. Depuis lors, les Juifs sont dans le deuil, il ne peuvent plus apporter au temple ni offrandes ni farine ni encens ni holocaustes, en un mot ils ne peuvent plus accomplir les rites qui, tels qu'ils les décrivent, sont les prescriptions du Lévitique. Aussi ils supplient le gouverneur de faire reconstruire leur temple.

Si nous nous reportons à la prophétie d'Esaïe, nous voyons que, parlant de ces villes, il ajoute : Il y aura «un autel à Yahveh au milieu du pays d'Egypte et sur la frontière un monument à Yahveh». Ainsi Esaïe prévoit bien, non seulement l'émigration matérielle, mais l'établissement du culte en Egypte.

Dans ces circonstances, si les Juifs emportent avec eux leur culte, tous leurs usages religieux, et leurs rites, peut-on supposer qu'ils n'emportent pas avec eux leur langue? Les papyrus d'Eléphantine et le texte d'Esaïe nous montrent donc que «la langue de Canaan», la langue parlée dans tout le pays, était l'araméen. Esaïe ne pouvait pas s'exprimer autrement. Si la langue de Canaan avait été le *jehoudith*, le judaïque, il aurait certainement dit *jehoudith* au lieu de *langue de Canaan*. D'un autre côté, s'il avait parlé comme le voudraient les philologues de nos jours, s'il avait dit l'*araméen*, *aramith*, il aurait dit quelque chose qui pour ses contemporains était à la fois absurde et faux. *Aramith*, je le répète, veut dire la langue qu'on parle dans l'Aram. Cela ne pouvait donc pas signifier que la langue de Canaan, celle des émigrants, serait transportée en Egypte.

Il est certain que les papyrus d'Eléphantine nous ont révélé un fait imprévu. Les colons juifs de cette ville parlaient et écrivaient l'araméen, et ce n'était pas pour eux une langue purement littéraire : ils en usaient pour les lettres familières, les notes les plus triviales pour lesquelles ils se servaient de tessons.

On en a donné toutes sortes d'explications, on a dit par exemple, que les Hébreux avaient abandonné leur langue maternelle sauf pour l'usage religieux, et adopté celle du pays de leurs souverains les Perses. Cette explication ne concorde nullement avec les faits tels que les papyrus nous les révèlent. Les Juifs disent nettement que le temple a été bâti au temps des Pharaons égyptiens. Ce temple existait sous le règne de Cambyse qui le respecta alors qu'il détruisit ceux des Egyptiens. Il a dû être construit au moins au temps des Saïtes, alors que les Juifs se portaient en foule sur l'Egypte, par peur des Assyriens, bien avant la domination perse. Les Israëlites de Migdol et de Noph apportèrent en Egypte leur propre langage, et le conservèrent ainsi que leur forme de culte et leur Dieu. Quelle raison avaient-ils alors de changer de langage, et surtout d'en adopter un qui n'était pas celui de la contrée qu'ils habitaient. Il y a là une question de bon sens. A-t-on jamais vu des colons, allant s'établir en foule dans un pays étranger, non seulement abandonner leur propre langue, mais en adopter une qui n'est pas celle du pays où ils vont demeurer? Car les Egyptiens ne parlaient certainement pas araméen. N'est-il pas au contraire tout à fait naturel qu'ils conservent leur langue maternelle, surtout quand ils veulent rester séparés des habitants parmi lesquels ils vivent, parce qu'ils professent un culte tout à fait différent, et que ce culte constitue leur nationalité et en est la garantie.

La langue de Canaan, parlée et écrite dans le pays, est l'araméen. Ce fait si inattendu pour les hébraïsants, n'est pas pour nous surprendre. Il nous paraît tout à fait analogue à ce que nous avons vu en Mésopotamie. C'est la même évolution parce que le point de départ est le même.

Je ne reviens pas ici sur ce que j'ai longuement discuté ailleurs, (1) c'est que, ainsi que l'enseignent les tablettes de Tel-el-

____

(1) NAVILLE, Archéologie de l'Ancien Testament, p. 18 et suivantes. Schweich Lectures, Lect. II.

Amarna, la première langue écrite des habitants de la Palestine comme de la Mésopotamie et de l'Asie occidentale, c'était le babylonien cunéiforme, qui devrait s'appeler l'accadien, et qui en Palestine porte les traces du langage parlé, sous forme de gloses qui se rapprochent beaucoup de l'hébreu. Les plus anciens livres des Hébreux ont été des tablettes cunéiformes. Il en résulte qu'en Palestine l'évolution de la langue a été celle que nous avons décrite plus haut pour la Mésopotamie; elle a passé à un moment donné du cunéiforme à l'araméen, comme l'égyptien a passé au démotique, avec cette différence que l'araméen a dû recourir à un alphabet nouveau, parce qu'on ne pouvait pas faire subir au cunéiforme une modification analogue à celle qui a fait de l'hiératique le démotique.

L'évolution, qui est partie nous ne savons d'où, s'est répandue aussitôt sur tous les pays où le cunéiforme avait régné, et par conséquent aussi en Palestine. Là, elle se manifesta à une époque assez semblable à celle où elle paraît en Mésopotamie. C'est au temps de Sennachérib que les envoyés d'Ezéchias disent à Rab-shaké : Nous comprenons l'araméen. C'est du règne de ce roi assyrien que datent plusieurs des contrats avec des rubriques araméennes. L'araméen se répandit de plus en plus et finit par être la langue usuelle qu'on parlait du temps de Jésus-Christ. Néanmoins elle ne détruisit point les dialectes, les parlers locaux, et le *jehoudith* subsista à Jérusalem et prit une vie nouvelle au retour de la captivité.

Je ne reviendrai pas ici sur les conséquences que nous devons tirer, quant à la langue dans laquelle ont écrit les prophètes, et sur ce qu'a été le rôle d'Esdras, du fait que la κοινή en Palestine, succédant au cunéiforme, était l'araméen.

Aux diverses évolutions linguistiques que nous avons étudiées était rattachée la question de l'écriture, que nous avons maintenant à examiner. Tous les hébraïsants qui admettent comme une vérité indiscutable que l'hébreu biblique était la langue de tout le pays de Canaan, affirment avec une égale assurance que l'écriture primitive dont on s'est servi pour l'hébreu, c'est l'alphabet qu'on nomme vieil hébreu ou cananéen, ou plutôt phénicien, car d'après NOELDEKE dont l'opinion est généralement admise, cet alphabet est originaire de Phénicie. Les livres de l'Ancien Testament auraient donc été écrits avec cet alphabet cananéen ou phénicien qui, aux environs de l'ère chrétienne, aurait disparu, sauf à Samarie. De l'alphabet vieil hébreu, il reste quatre monuments : la stèle de Mésa, le plus ancien, du milieu du 9me siècle, le calendrier agricole de Guézer, les tessons trouvés à Samarie, de la même époque, et enfin l'inscription de Siloé à Jérusalem, du 8me siècle.

Il est impossible de voir, dans l'idée que les livres de l'Ancien Testament ont été écrits en cananéen, autre chose qu'une conjecture qui ne repose sur aucune preuve, mais on ne peut pas supposer autre chose, quand on fait de l'hébreu biblique la langue qui régnait sur tout le pays, et qui dès l'origine aurait servi à écrire les livres. De cette manière on en fixe la date la plus ancienne, car si, comme le soutiennent la plupart des savants, on ne peut pas faire remonter l'écriture phénicienne plus haut que l'an 1000, à l'époque de David, il n'y aurait point eu de livres avant cette date, puisque l'écriture n'existait pas.

Mais on me permettra d'examiner si les monuments sur lesquels on s'appuie, prouvent vraiment que l'écriture phénicienne était celle des livres religieux de Jérusalem.

Je commence par les tessons de Samarie. Il y a peu d'années, M. REISNER, fouillant le palais d'Omri, et d'Achab dans les ruines de cette ville, a trouvé soixante quinze tessons qui, d'après le Dr DRIVER, sont dans les caractères de l'inscription de Mésa, de Siloé et des inscriptions phéniciennes. Ces tessons proviennent de jarres d'huile et de vin, desquelles les propriétaires sont indiqués. C'est donc un inventaire de la cave du roi. Or, s'il y a jamais eu une cour phénicienne en Israël, c'était celle d'Achab. Jézabel la reine fit tous ses efforts, et avec succès, pour développer dans le royaume le culte du dieu phénicien Baal. Elle était la fille d'Ethbaal le roi de Sidon; quatre cent cinquante prophètes de Baal et quatre cent prophètes d'Astarté mangeaient

à sa table, ce qui montre qu'à sa cour il y avait un nombreux
personnel phénicien. Et si nous rapprochons de cette découverte
ce que dit Hérodote (III. 6), que les Phéniciens faisaient un
grand commerce de vin dans des jarres de terre cuite, la con=
clusion naturelle à en tirer, c'est que ces tessons de Samarie,
dont les inscriptions sont en écriture phénicienne, proviennent
de ces jarres dont les Phéniciens faisaient commerce, et que par
conséquent les inscriptions de ces jarres sont dues à des Phéni=
ciens. Je demande quelle lumière ces tessons peuvent apporter
sur l'écriture des livres religieux de Jérusalem. Nous renseignons=
nous sur les livres sacrés d'un peuple par les étiquettes des
marchands de vin?

Le calendrier agricole de Guézer est pour des ouvriers agri=
coles, leur indiquant le mois dans lequel chaque produit doit
être récolté. Guézer était une ville cananéenne qui passa par
diverses dominations et qui ne fut jamais proprement une ville
juive. Les fouilles qui y ont été faites ont révélé des restes d'un
culte qui n'avait rien de celui de Yahveh. En outre, elle était
au bord de la plaine des Philistins. Rien ne nous dit que les
ouvriers agricoles ne fussent pas des Philistins. Que leur dialecte
fût fort semblable à celui de Jérusalem, c'est possible; mais en
quoi ce calendrier, destiné à des agriculteurs, peut=il renseigner
sur l'écriture des livres sacrés de Jérusalem? Un calendrier de
ce genre était fait avant tout pour des cultivateurs, pour les
habitants de la plaine que dominait la ville. L'écriture phéni=
cienne a dû se répandre rapidement par le commerce le long
de la côte, et dans la plaine fertile dont les vaisseaux des Phé=
niciens allaient chercher les produits. La population de Guézer
n'était pas composée uniquement de Juifs, elle devait com=
prendre certainement un grand nombre d'étrangers et surtout
de Philistins. On a trouvé aussi des inscriptions cunéiformes
dont on pourrait aussi bien invoquer la présence que du texte
en phénicien. Le calendrier de Guézer, qui n'a rien de litté=
raire ni de religieux, ne prouve rien pour la littérature sacrée
des Juifs.

Quoique ce soit le seul de ces documents trouvés à Jérusalem, j'en dirai autant de l'inscription de Siloé. Ici encore il s'agit d'une inscription qui n'a rien d'officiel. C'est l'œuvre d'ouvriers qui creusent un canal en commençant par les deux bouts, comme on fait pour les tunnels, et qui racontent que le jour où ils se rencontrèrent, l'eau se mit à couler. Si cette inscription émanait du roi ou d'une autorité du pays, on pourrait à juste titre admettre que c'est le langage et l'écriture de la ville. Mais ce sont des ouvriers qui parlent, et rien ne nous dit qu'ils fussent des Juifs de Jérusalem. Nous savons que lorsque les Hébreux avaient quelque travail de maçon difficile à exécuter, comme lors de la construction du temple sous Salomon, ou de sa reconstruction sous Néhémie, ils faisaient appel à des ouvriers phéniciens. Or, s'il est un travail dans lequel les Phéniciens fussent des techniciens experts, c'est tout ce qui touche à l'hydraulique. Il est donc naturel de supposer qu'Ezéchias, quand il eut à creuser ce canal qui ne pouvait être fait par le premier venu, fit appel à des spécialistes et à des ouvriers phéniciens. Lorsqu'ils se rencontrèrent, ce qui est toujours une grande joie pour ceux qui creusent un tunnel, ils le rappelèrent par une inscription gravée sur le mur du canal. On me dit: Cette inscription est de l'hébreu et non du phénicien. Peu importent ces noms inventés par les philologues. Pour les anciens, si ces ouvriers étaient phéniciens, ils parlaient la langue de ceux qui habitaient «la Phénicie», qui pouvait être fort semblable à celle de Jérusalem, mais ils écrivaient avec l'alphabet qu'ils avaient appris dans leur pays où il était en usage. Encore ici, quoique cette inscription soit la seule qui vienne de Jérusalem, je ne puis admettre qu'on s'appuie, pour retrouver l'écriture des livres sacrés, sur une inscription due à des ouvriers terrassiers ou maçons.

Le seul document sur lequel on pourrait s'appuyer s'il provenait de Judée, c'est la stèle de Mésa. Mais elle vient de Moab, et nous savons par Néhémie que le *moabite* était ce qu'il nomme une langue différente du *jehoudith*, du *juif*, quoique ce soit un dialecte très voisin de l'hébreu. On pourrait s'étonner de ce que l'écriture de la stèle est du phénicien, mais le contenu et le caractère de la stèle nous l'expliquent. Mésa raconte que son pays a été conquis et opprimé d'abord par Omri, ensuite par Achab, et que pendant quarante années le pays de Medeba fut sous le joug de ces rois jusqu'au moment où son dieu Kemosch lui donna la victoire, et lui permit de délivrer le pays du joug étranger. Ainsi ce sont les deux rois dont le caractère phénicien est si accusé, Omri et Achab, qui ont opprimé le pays de Moab, et lorsque Mésa veut raconter son triomphe, n'ayant point d'alphabet moabite, il se sert de celui des conquérants qui devaient l'avoir importé dans le pays. Ainsi l'influence phénicienne de Samarie ressort d'une manière évidente, et la stèle ne prouve rien pour la littérature de Jérusalem et des Juifs, d'autant plus qu'elle est dans un pays étranger. (1)

Il nous est donc impossible de voir dans aucun des quatre monuments que l'on cite toujours, la preuve que les livres de l'Ancien Testament auraient été écrits avec l'alphabet auquel on est obligé, pour ce motif, de donner le nom de vieil hébreu, nom qui ne repose sur rien.

On pourrait m'opposer avec plus de raison le Pentateuque Samaritain, lequel d'un bout à l'autre est écrit en ces caractères, non pas, il est vrai, identiques à ceux de ces quatre inscriptions, mais d'une forme plus cursive, plus appropriée au manuscrit qu'à la gravure; car les manuscrits les plus anciens que nous possédions sont du Xe siécle. Ph. Berger (2) affirme que ce samaritain manuscrit descend sans aucun doute de l'alphabet qu'il appelle vieil hébreu. Nous pouvons donc en conclure que les premiers exemplaires du Pentateuque Samaritain étaient écrits en phénicien vieil hébreu qui, nous le savons par les tessons du palais d'Omri était l'écriture de Samarie. Comment les adorateurs de Yahveh, les prophètes, les hommes de Jérusalem et de Judée,

(1) Dernièrement, M. Cowley a proposé de la ligne 18 une nouvelle interprétation qui fait disparaître le nom qu'on croyait être Yahveh, le mot a un tout autre sens.

(2) L'écriture dans l'antiquité, p. 202.

auraient-ils employé pour les livres qu'ils composaient sur l'ordre de Yahveh, l'écriture des Samaritains, les apostats qu'ils haïssaient?

Le Rev. Dr. Gaster, qui s'est spécialement occupé de recher-ches concernant les Samaritains, nous dit qu'il est arrivé à la conclusion que nous avons dans le texte samaritain le Penta-teuque des Dix Tribus. Si donc nous songeons à l'antagonisme qui existait entre les deux peuples, et entre les deux cultes, ceux qui adoraient sur le Garizim et ceux qui adoraient à Jérusalem, antagonisme qui nous est dépeint en quelques traits dans le dialogue entre Jésus-Christ et la Samaritaine, pouvons-nous imaginer que les Samaritains n'aient pas tenu à avoir leur loi dans l'écriture qui, nous le savons, était celle de leur ville? Il fallait que leur Pentateuque fût distinct de celui de Jérusalem, et le fait que le Pentateuque Samaritain était écrit en caractères phéniciens me semble montrer que celui de Jérusalem n'était pas dans cette écriture.

En résumé, nous n'avons pas un seul texte littéraire ou autre, en langue qu'on nomme hébraïque, écrit en phénicien, et qui appartienne à la Judée, sauf l'inscription des ouvriers qui ont creusé le canal de Siloé. Je ne puis donc que maintenir non affirmation, c'est que l'idée qui prévaut maintenant chez la presque unanimité des hébraïsants, les livres de l'Ancien Testament avant l'hébreu carré ont été écrits en phénicien qu'on a appelé vieil hébreu, cette idée n'est qu'une hypothèse, et nullement un fait établi.

La Palestine, depuis l'époque la plus ancienne où nous la connaissons, était un pays où l'on parlait divers dialectes très rapprochés les uns des autres, et aussi de ceux de la Mésopotamie. Elle eut d'abord comme langue littéraire, comme κοινή écrite celle de l'Asie occidentale, le babylonien cunéiforme ou, pour l'appeler de son nom propre, l'accadien, auquel succéda, suivant l'évolution par laquelle passa cette langue, l'araméen qui cepen-dant ne détruisit point les dialectes locaux.

A l'époque de l'ère chrétienne, peut-être un peu avant, nous voyons tout d'un coup surgir une écriture nouvelle, l'hébreu carré, celle de l'Ancien Testament tel que nous le lisons aujourd'hui, et à partir de la naissance duquel a surgi toute une littérature considérable qui n'existait pas auparavant.

Quiconque vient d'Egypte, comme l'auteur de ces pages, est frappé d'emblée du grand rapport qu'il y a entre la naissance du copte et celle de l'hébreu. Le copte, c'est la langue parlée par le peuple, et mise par écrit au moyen d'un alphabet nouveau composé en grande partie de l'alphabet grec, déjà usité dans le pays, et de lettres qui ne s'y trouvaient pas. Il n'y a pas de copte en dehors de la langue populaire écrite avec l'alphabet grec. De même, sauf l'inscription des ouvriers de Siloé, il n'y a pas d'hébreu proprement dit, en dehors de celui qui est écrit avec l'alphabet carré. De même que le copte en Egypte, l'hébreu est le dialecte parlé à Jérusalem, le *jehoudith*, mis par écrit au moyen d'un alphabet nouveau, et dérivé de toutes pièces de celui qui était usité dans le pays et dans toute l'Asie occidentale, l'araméen.

Les hébraïsants ne paraissent pas avoir envisagé ce changement dans l'écriture hébraïque et en avoir mesuré la portée. Cela paraît une chose de peu d'importance, dont la cause et l'origine ne méritent pas qu'on s'en préoccupe. L'hébreu était écrit avec des caractères phéniciens; à un moment donné on a inventé une nouvelle écriture, et l'on a transcrit lettre pour lettre les mots dans cet alphabet nouveau. Les textes nouveaux sont identiques aux anciens, ils ne diffèrent que par la forme des caractères. Aussi n'y a-t-il pas lieu de tenir compte de cette modification grave qui n'est qu'une affaire de forme, et qui ne porte absolument pas sur le langage.

Ici je demanderai à mes savants contradicteurs de m'indiquer la langue qui à un moment donné, et sans transition, aurait changé complétement son alphabet, sans que ce changement ne reflète aucune modification dans le langage.

C'est là le premier point de ressemblance avec le copte. L'hébreu carré naît brusquement à une date qu'on peut à peu près fixer. Dans l'un et l'autre cas, nous ne savons pas qui furent les inventeurs du nouvel alphabet, et comment ils réussirent à le faire rapidement adopter. Dans les deux cas aussi il n'y a pas de transition. Nous ne connaissons pas d'intermédiaire entre l'écriture démotique et le copte, nous n'en connaissons pas non plus entre les lettres phéniciennes et l'hébreu carré.

D'après Gressmann, ce que j'avance ici est une erreur; les documents que nous possédons permettent d'établir avec certitude que l'écriture carrée n'est pas le produit d'une invention individuelle, mais qu'elle s'est formée au cours d'une lente évolution. Je serais reconnaissant à Gressmann de m'indiquer les documents où il trouve des traces de cette lente évolution qui n'a aucun caractère individuel. Bien au contraire, ce qui me paraît ressortir des documents, c'est que l'hébreu carré n'a pas surgi petit à petit par une sorte de génération spontanée. C'est une œuvre bien définie qui avait son but arrêté. Il est vrai que, pas plus que pour le copte, nous ne pouvons en nommer les auteurs, mais nous savons à peu près quand ils ont vécu, nous pouvons nous représenter qui ils étaient, et ce qui a été leur mobile.

L'alphabet copte n'a pas été adopté pour transcrire la langue égyptienne écrite, même sous sa forme populaire le démotique. Il est destiné à reproduire la langue parlée, celle du peuple, avec ses différents dialectes. Il nous semble que l'hébreu carré avait le même but, devenir l'écriture du langage populaire des Juifs lequel après le retour de la captivité, lorsque la vie de la nation était concentrée à Jérusalem, ne pouvait être que le *jehoudith*, le judaïque, dont nous connaissons l'existence par Esaïe et Néhémie. Et alors nous comprenons la raison d'être de l'hébreu carré. Il devait être l'écriture de la langue juive proprement dite, distincte des dialectes d'autres parties du pays, tels que le samaritain, ou de la κοινή qui était l'araméen. Il fallait créer cet alphabet, et pour cela on se borna à modifier l'araméen, à donner aux lettres une nouvelle forme qui les distinguât de l'ancienne, et ainsi constituer cet alphabet qui, comme l'a prouvé De Vogüé, n'est qu'une dérivation de l'araméen.

On comprend alors ce qui motive le changement de l'écriture. Si les livres de l'Ancien Testament étaient en vieil hébreu, quelle raison pouvait-il y avoir de renoncer tout d'un coup à cet alphabet qui pouvait très bien se prêter à des livres, comme le prouve le Pentateuque samaritain? On ne peut y assigner aucune cause, et nous ne pouvons considérer cela ni comme une fantaisie littéraire, ni comme un besoin d'avoir une forme plus cursive que le phénicien; car si c'était là le but à atteindre, l'alphabet araméen était une simplification encore plus grande, et il n'y avait qu'à le prendre. Mais s'il s'agit de mettre par écrit une langue qui jusqu'alors n'était qu'un dialecte parlé, et sans écriture propre, on comprend qu'on ait créé un alphabet nouveau.

En Egypte, nous avons attribué la création du copte aux anachorètes, aux religieux qui peuplaient les couvents, ou à des missionnaires tels que les premiers traducteurs sahidiques qui n'avaient qu'une connaissance imparfaite du grec. A Jérusalem il en est tout autrement. Il y avait la classe des scribes, des docteurs, des rabbins dont l'occupation principale était l'étude de la loi de Moïse et des prophètes. L'écriture ne peut avoir surgi que chez quelqu'un qui savait écrire, probablement chez un ou plusieurs scribes lettrés. Ils avaient non à faire une traduction véritable comme les chrétiens égyptiens, mais à changer le dialecte des écrits. Il fallait les faire passer de l'araméen à la langue populaire de Jérusalem.

Les hébraïsants comme GRESSMANN ou KÖNIG font une violente opposition à cette idée; on me dit que l'hébreu et l'araméen étant des langues et non des dialectes, ce passage de l'un à l'autre est une véritable traduction, et nulle part il n'est dit dans les livres de l'Ancien Testament qu'ils soient une traduction; ni de quelle langue ils ont été traduits. Encore une fois, ces classifications à l'usage des philologues modernes n'ont que faire ici, elles étaient tout à fait inconnues à l'antiquité à qui l'on veut les imposer. Peut-on appeler traduction le passage d'un dialecte à un autre qui est parlé dans le même pays, de chacun desquels on use suivant les circonstances, et que sans doute un grand nombre des habitants possédaient tous deux? Appellerez=vous une traduction les notes marginales que les scribes araméens mettaient aux contrats cunéiformes? Et si ce passage d'un dialecte à l'autre porte sur un texte plus étendu, par exemple si un scribe de Babylone met en araméen, dans la langue courante du pays, un grand morceau écrit en cunéiforme, c'est à dire dans l'ancienne langue littéraire encore en usage, faudra=t=il qu'il ait soin d'indiquer que ce texte araméen est une traduction, et de nommer la langue de laquelle il est pris? En un mot, fallait=il qu'Esdras, scribe mésopotamien, faisant comme tous les scribes du temps et de l'endroit, mettant en araméen les textes cunéiformes de la loi de Moïse, n'oubliât pas de mentionner que le texte de la loi était traduit de l'accadien cunéiforme?

Voici une nouvelle objection de GRESSMANN, qui suivant lui renverse absolument «mon hypothèse». Le canon d'Esdras était araméen, il n'y avait donc pas de littérature hébraïque où les rabbins pussent apprendre l'hébreu, et puisque l'hébreu avait disparu comme langue populaire, supplanté par l'araméen, «les rabbins ne pouvaient pas le faire surgir de terre». Qu'il n'y eût pas de littérature hébraïque, cela est certain, c'est même la thèse que je défends, puisque je soutiens que les rabbins la créèrent par l'usage de la langue populaire. Mais quant à prétendre que, parce que l'araméen s'était implanté comme langue écrite, et avait gagné au point d'être parlé couramment, il avait fait disparaître la langue populaire, le *jehoudith*, c'est là une de ces véritables objections de cabinet qui jurent absolument avec la réalité, même de notre temps. Depuis des siècles, l'allemand est dans nos can= tons suisses la langue de la littérature, qu'on enseigne à l'école, qu'on parle dans les conseils, qu'on écrit dans les journaux, qu'on prêche du haut de la chaire. Par conséquent, suivant GRESSMANN, le Bärner=Dütsch ou le Züri=Dütsch doivent avoir disparu. Un pasteur, descendant de sa chaire, ne peut pas parler à ses ouailles dans le «dialekt» qui ne doit plus exister, et le pasteur ne pourrait pas faire passer une phrase allemande en

«dialekt» parce que c'est une langue éteinte qu'il ne peut pas sa=
voir. Voilà, traduite en langue moderne, l'objection de GRESSMANN
à ce que les rabbins mettent de l'araméen en *jehoudith*.

Le judaïque peut être fort ancien. On sait avec quelle ténacité
les dialectes populaires persistent même de notre temps, en dépit
des progrès de la civilisation. La forme pouvait s'être modifiée,
néanmoins c'était toujours le *jehoudith*, la langue parlée en Judée,
ce n'était pas une importation de l'étranger, et il est possible
qu'il ne différât pas beaucoup de ce qu'il était à l'époque de
la conquête.

L'hébreu est né du mariage du *jehoudith*, du judaïque, avec
l'hébreu carré. C'est l'idiome populaire de Jérusalem mis par
écrit au moyen d'un nouvel alphabet dérivé de l'araméen. Les
rabbins ont fait passer tous les livres de l'Ancien Testament de
l'araméen à la langue populaire, qu'ils ont reproduite par leur
nouvel alphabet. A cela, le DR. GASTER objecte que chacun des
livres a son style particulier, et des mots qui lui appartiennent
en propre, et que cette variété paraît contredire la caractéristique
de l'hébreu et sa date. L'objection du DR. GASTER aurait toute
sa valeur si le changement avait eu lieu en sens inverse, si ces
écrits avaient passé de la langue populaire à la langue littéraire
qui a toujours un caractère plus ou moins conventionnel, et
qui est régie par des lois. Mais c'est l'inverse qui s'est produit.
Nous ne pouvons pas supposer que ces livres aient été transcrits
par le même homme, et à la même époque, et au même endroit.
Il y en a évidemment auxquels on a dû donner la préférence
et qu'on a fait passer les premiers, ainsi la loi. Puis, rien ne
reflète mieux l'individualité que la parole qui n'est pas soumise
aux lois de la langue littéraire. Certains hommes ont leurs ex=
pressions et leur mots ·favoris. Le dialecte pouvait ne pas être
identiquement le même dans toutes les parties de la Judée, à
Hébron, et à Jérusalem. Par conséquent, remplacer dans une
collection d'écrits la langue littéraire par le parler du peuple,
c'est y introduire une variété et une bigarrure qui n'existaient
pas auparavant.

Enfin, nous pouvons nous expliquer pourquoi, à l'époque de l'ère chrétienne, on fit ce grand changement dans la langue et dans l'écriture. Bien qu'ils fussent une province romaine, les Juifs avaient conservé un sentiment national très vif, ils se rappelaient qu'ils étaient les élus, le peuple de Dieu, ils répétaient toujours «nous avons Abraham pour père». Mais, pour eux, la vie nationale était intimement liée à leur culte, à l'observation la plus stricte et la plus formelle de la loi, à laquelle ils avaient ajouté maintes prescriptions. Ce culte les distinguait des Gentils, pour lesquels ils éprouvaient un mépris et une inimitié non déguisés. Leur religion justifiait à leurs yeux cet exclusivisme, c'était la barrière qui les séparait de toutes les nations étrangères.

La religion sur laquelle reposait leur vie en tant que nation, était réglée sur leurs livres sacrés, la loi de Moïse et les prophètes. Mais auparavant la forme de ces livres n'avait aucun caractère distinctif, ainsi qu'on l'aurait attendu du particularisme juif. Ces écrits étaient en araméen, langue possédant une littérature considérable, ils étaient une partie de cette littérature, ils pouvaient se confondre avec d'autres. Je crois que c'est pour cela que les rabbins jugèrent nécessaire de donner à leurs livres un caractère national, une apparence nationale. Ils les mirent en judaïque, leur idiome qui descendait de celui de leurs pères, celui de Jérusalem leur capitale, et qu'aucun autre peuple ne parlait. Mais comme cet idiome ne possédait pas d'écriture qui lui fût propre, il fallut en inventer une. Ils prirent l'alphabet auquel ils étaient habitués, qu'ils employaient dans leurs écrits, l'araméen. Ils lui firent subir une modification suffisante pour en faire une écriture nouvelle, seule de son espèce et qu'ils pouvaient appeler la leur. Le *jehoudith* écrit avec un nouvel alphabet carré, c'est l'hébreu.

Un dernier rapport à signaler avec le copte, c'est qu'à partir du moment où l'hébreu a été formé s'est développée la littérature hébraïque qui, considérable déjà dans l'antiquité, ne cesse de grandir, et tandis que le copte est mort et ne sert plus que dans les églises, l'hébreu est encore la langue vivante des Juifs.

Ici, comme pour la naissance de l'araméen, nous soumettons notre point de vue au jugement des spécialistes en langues sémitiques. Il nous semble que dans les études sur l'histoire de ces langues sémitiques, on a négligé de regarder du côté de l'Egypte, on a presque toujours expliqué les changements par une lente évolution conforme aux lois linguistiques, ou par des invasions étrangères. On n'a pas reconnu de changements brusques amenant une création nouvelle, se produisant spontanément à une date donnée et connue, et sans qu'on puisse les attribuer à une conquête ou une immigration étrangère. Ces phénomènes linguistiques internes sont évidents dans la langue égyptienne, ils nous frappent au premier coup d'œil. Ne se sont-ils pas produits de la même manière dans les langues sémitiques?

AUTEURS CITÉS.

BAILLET (J.). Introduction à l'étude des idées morales dans l'Egypte antique, 213 pp., in-8, 1912 . . . . 10 fr.

I. Introduction: intérêt, objet et méthode d'une étude sur la morale égyptienne. — II. Les sources bibliographic. — III. Morale théoretique et morale pratique. — IV. Le moraliste égyptien. — V. Fondements de la morale. — VI. Sanctions terrestres de la morale. — Sanctions posthumes. — VIII. Conclusions — Index.

BAILLET (J.). Le régime pharaonique dans ses rapports avec l'évolution de la morale en Egypte, 2 vol., 810 pp., in-8, 1912/13 . . . . 30 fr.

Première partie. **Le Roi** (Divinité du Pharaon. — Devoirs du roi envers les dieux. — Devoirs du roi envers ses sujets. — Pharaon souverain et protecteur. — La guerre. — Paix et fraternité. — Pharaon bienfaiteur et vivificateur. — La justice du roi. — Les faveurs du roi).
Deuxième partie. **Les Sujets** (Le culte du roi vivant, premier devoir des sujets. — Autres devoirs des sujets: Amour et services. — Devoir des grands envers le roi. — Devoirs des grands envers leurs inférieurs. — Les subalternes. — Petits esclaves, prolétaires). — Conclusion.
Index nominum. — Bibliographie des textes anciens. — Index scriptorum recentiorum: *a)* Recueils de textes égyptiens. *b)* Collections de textes et d'études. *c)* Périodiques. *d)* Auteurs modernes. — Index rerum. — Tables des chapitres, 810 pp.
Les pp. 658 à 810 contiennent l'Index.

BOULARD (L.) La vente dans les actes coptes, 94 pp., gr. in-8 (T. EHJG), 1912 . . . . 10 fr

Le protocole thébain. — Le texte thébain. — L'eschatocole thébain. — La vente immobilière hors de Thèbes. — La vente mobilière.

BROCKELMANN (C.). Précis de Linguistique sémitique, traduit de l'allemand par W. Marçais et M. Cohen, 224 pp., in-12, 1910 . . . . . 4 fr.

Les langues sémitiques. — L'écriture sémitique. — Grammaire comparée des langues sémitiques.

CAUWENBERGH (P. van). Étude sur les moines d'Égypte depuis le concile de Chalcédoine (451) jusqu'à l'invasion arabe (640), VIII, 195 pp., in-8, 1914 . . . . 10 fr.

Les sources de l'histoire des moines d'Egypte de 451 à 640. — Les moines d'Egypte de 451 à 640. — Bibliographie. — Index.

DELAPORTE (L.). Fragments sahidiques du Nouveau-Testament: Apocalypse, XIV pp. et 33 ff. n. ch. (65 pp.), in-8, autographié, 1906 . . . . . 7 fr. 50

DELAPORTE (L.) et H. GUÉRIN. Fragments sahidiques du Nouveau Testament: Evangile de Saint-Jean, XVI pp. et 48 ff. n. ch. (95 pp.), in-8, autographié, 1908 . . . . 10 fr.

DEVAUD (E.). Les maximes de Ptahhotep, d'après le papyrus Prisse, les papyrus 10.371, 10.435 et 10.509 du British Museum et la Tablette Carnarvon, Texte, II, 53 pp., gr. in-4, autographié, 1916, presque épuisé . 20 fr.

Cette première partie contient, transcrit en hiéroglyphes, divisé, arrangé et corrigé, le texte des «Maximes»: elle contient en outre une table de concordance et une transcription du papyrus 10.371/10.435 du British Museum.

GIRON (N.). Légendes coptes, fragments inédits publiés, traduits, annotés, avec une lettre à l'auteur par E. Revillout, VIII, 81 pp., in-8, 1907 . 7 fr. 50

I. Entretien d'Eve et du serpent. — II. Le sacrifice d'Abraham. — III. Histoire de Marina. — IV. Histoire des filles de Zénon. — V. Histoire de la fille de l'Empereur Basilisque.

JAUSSEN ET SAVIGNAC (RR. PP.). Mission archéologique en Arabie, II : El-'Ela, d'Hégra, à Teima, Harrah de Tebouk, 3 parties, gr. in-8, 1914 (paru en 1920) . . . . 160 fr.

Publications de la Société des fouilles archéologiques. — Ouvrage publié avec le concours de l'Académie des Inscriptions et Belles-Lettres (fondation Louis de Clerq).
I. Texte: *Itinéraire et Archéologie:* Journal de voyage, itinéraire général (Voyage du printemps de 1909. — Excursion du printemps de 1910). — Chap. II. L'oasis d'el-'Ela et les ruines de Hereibek (la vallée au sud de Hereibek. — L'oasis et le village d'el-'Ela. — Hereibek et ses monuments). — Chap. III. Notes complémentaires sur Médâin Saleh. — Excursions à Teima. — Excursion dans le harrah de Tebouk. — *Epigraphie:* Chap. I, Inscriptions nabatéennes. — Chap. II, Inscriptions minéennes. — Chap. III, Inscriptions lihyanites. — Graffites lihyanites. — Chap. IV, Graffites tamoudéens. — Chap. V, quelques textes hébreux, grecs et latins. — Table des figures dans le texte. — XV, 690 pp.
II. Atlas de 153 planches et cartes en phototypie et en photolithographie (pl. I à LXX vues et planches d'archéologie, cartes. — Pl. LXXI à CXII, inscriptions nabatéennes, minéennes, lihyanites. — Pl. CXIII à CLIII, graffites nabatéens minéens, lihyanites, tamoudéens, grecs) — dans un portefeuille.
III. (Supplément) Coutumes des Fuqara: Chap. I, Tribu et famille. — Chap. II, La vie individuelle. — Chap. III, La vie religieuse. — Chap. IV, Plantes et animaux. — Indices, 97 pp.

JÉQUIER (G.). Le papyrus Prisse et ses variantes (Papyrus de la Bibliothèque Nationale 183—194, Pap. Brit. Mus., nº 10.371 et 10.435 et Tablette Carnarvon du Caire), 16 planches en phototypie mesurant en moyenne 60 centimètres en longueur et 13 pp. de texte, in-4 oblong, cartonné, 1911. . . 50 fr.

MALLON (A.). Grammaire copte, avec bibliographie, chrestomathie et vocabulaire, 2ᵉ éd., revue et augmentée, XV, 301, 193 pp., in-8, toile, 1907 50 fr.

MARESTAING (P.). Les écritures égyptiennes et l'antiquité classique, 145 pp., in-8, 1913 . . . . 10 fr.

Dans cet ouvrage, M. Marestaing a réuni tous les témoignages grecs et romains sur les hiéroglyphes. Chaque texte est accompagné d'une traduction et d'un commentaire. L'auteur a laissé de côté la littérature chrétienne qu'il se propose de traiter séparément.

MEYER (Ed.). Histoire de l'antiquité, tome I: Introduction à l'étude des sociétés anciennes (évolution des groupements humains), traduit par Maxime David, VIII, 284 pp., gr. in-8, 1912 . . . . 15 fr.

I. L'évolution politique et sociale. — II. L'évolution intellectuelle. — III. L'histoire et la science historique.

MEYER (Ed.). Histoire de l'antiquité, tome II: L'Egypte jusqu'à l'époque des Hyksos, traduit par A. Moret, XXIV, 388 pp., gr. in-8, 1914 . . . 15 fr.

Sources pour l'histoire de l'Egypte. — I. Commencements de la civilisation et de l'histoire d'Egypte. — II. Les états primitifs d'Egypte. Les royaumes des adorateurs d'Horus. — III. L'Egypte sous les Thinites. — IV. L'ancien empire. — V. La fin de l'ancien empire et l'époque de transition. — VI. Le moyen empire. — VII. Décadence du moyen empire et domination étrangère. — Index.

WEILL (R.). Les décrets royaux de l'ancien empire égyptien; étude sur les décrets royaux trouvés à Koptos au cours des travaux de la Société française des fouilles archéologiques (campagne de 1910) et sur les documents similaires d'autres provenances, 12 pl. et 3 fig. dans le texte, cart., 111 pp., in-4, 1912 . . . . 40 fr.

Les deux décrets de Nofirkara Papi (documents A et B). — Les chartes immunitaires de Merira Papa à Koptos et à Dahchour. — Le décret administratif de Ouezkara. — Le décret administratif de Nofirkara à Abydos. — «Dépendances» et «dépendants» des sanctuaires et du domaine royal. — La lettre royale de Nofirkaouhor. — Décret de fondation de Ouaz? kara, successeur indéterminé de Nofirkara. — Décret de fondation d'un roi indéterminé (fragment). — Résultats historiques.

143   24   5

9 782019 318468